山道をクルマで往く。
携帯電話の電波状況がだんだんと
悪くなっていく。
ついには、圏外の表示が出た。
ものすごい不安に襲われた。
あらゆる方法を試してみたがダメだった。
焦りが頂点に達したら、急に楽になった。

画・早乙女道春

繋がらないことがネガティヴなことでなく、
むしろ、自由になったと感じられたのだ。
文字通り、日常、役割、
公的から圏外へと逸脱したのだ。
もうひとりの自分になったかのような。
が、案外、本来の自分に戻れたのかもしれない。

小鹿 涼

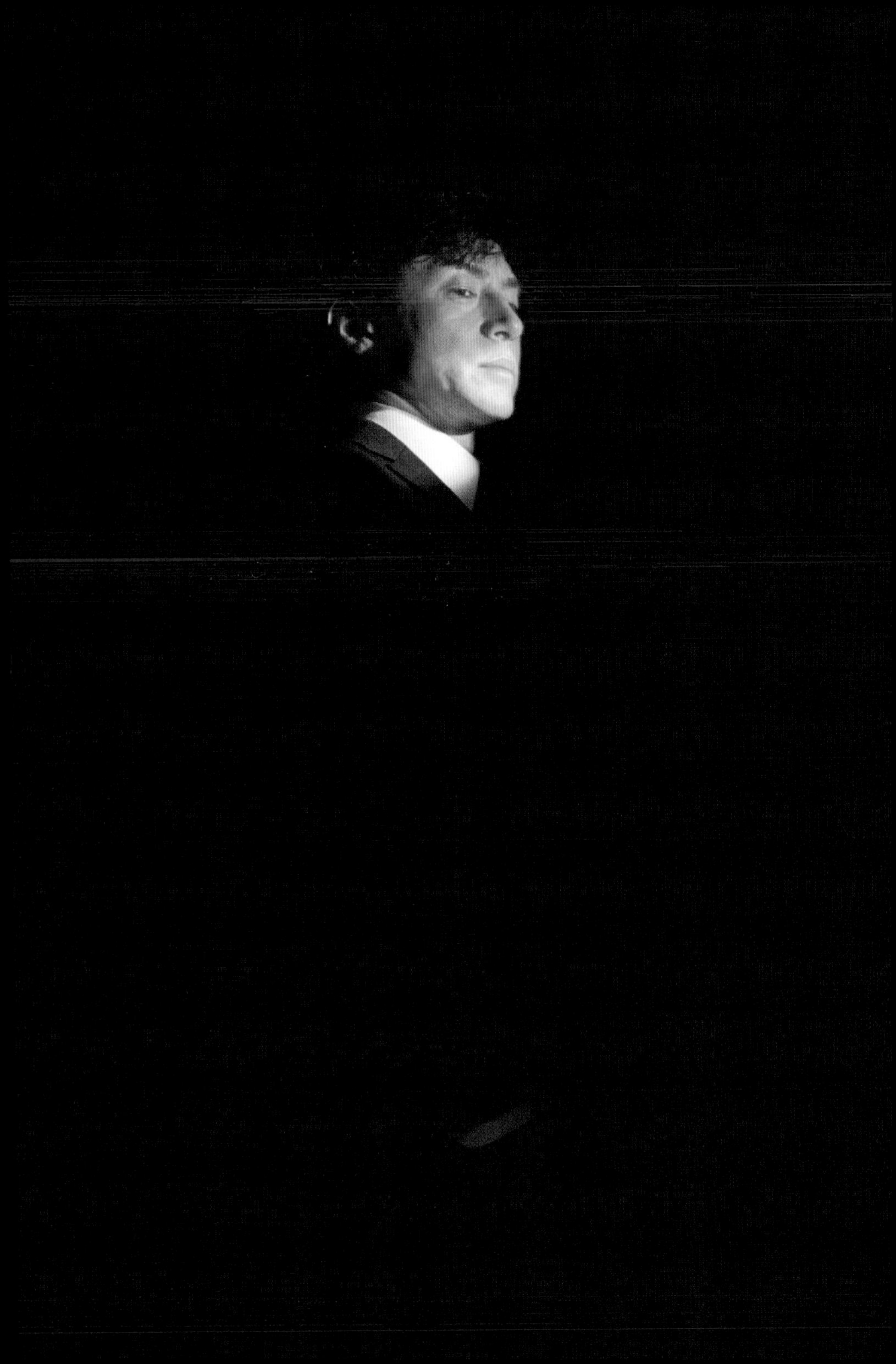

東山紀之

結局は男女が巡り合って、恋をして、家庭を作っていくように、人の営みってそんなに大差がないと思うんですよ。江戸時代だって社会問題や性的犯罪も、もちろんあったわけですからね

撮影　北岡稔章　スタイリング　平尾俊
ヘア&メイクアップ　平山直樹（wani）　文　岡田麻美

東山紀之は、受け継いだ志を新しい時代に繋いでいく。一昨年、『大岡越前』を支えた大事な人たちを失った。自身は父として子供を育むことで、新たな気持ちの揺れ方を知ったという。改めて、死生について感じ入ったのだと思う。これまでも越前たる、律した生活を貫いてきた東山には、培われた公平さに加えて、実感を伴う人情味が滲んでいた。なんという人間の厚みであろうか。それでも「追求することが多くなるのが芸道」と言い、更にストイックに極めていくから、彼のコアは常に強いのだろう。〈NHK〉BS時代劇『大岡越前5』で、息子の成長を見守る南町奉行の大岡忠相（東山）は、北町奉行の伊生正武（高橋光臣）に対抗心を燃やされる中、市井のいざこざなどを解決していく。魂がこもる東山の名裁きは圧巻だ。

今だからこそ本当に分かる表現と父性は確実にありますね

――令和という新しい時代になって、『大岡越前5』も新しい形になってスタートしましたね。

東山　僕が演じる『大岡越前』が始まって7年になります。今作は新キャストが加わり、忠相の息子も育ち、新しい風が吹く。でもやっぱり、『5』の放送が決まり思い出すのは、これまで共演していた津川雅彦さんと、本作を昭和の名作時代劇にした加藤　剛さんのことで（両名とも2018年逝去）。スタジオに行くと、どうしても津川さんの顔が浮かびますから。切なさも感じつつ、2人の気持ちを常に汲んでやっていきたいです。自然の摂理を感じながら、ちゃんと若い人が継承することが大事だと思っています。

――先人たちの残してくれたものを受け継ぐことには、どのようなお気持ちがありますか?

東山　時代劇が少ない中でここまで続くのも奇跡的なことですし、僕自身が忠相でもありますけど、加藤　剛さんが30年間築いてきた大きな歴史も思い出してもらいたいです。その中で培われてきたものを、僕らだけでなくスタッフの方達も努力して受け継いでいますから。それを継承するには、時代と共に新しい形にもしていかなければならないので、革新も必要だなと思います。時代劇ひとつとってもね、無声映画から黒澤　明監督の作品、テレビ・ドラマもある中で息づいているので、良いものは皆さんの想いが結実して、『大岡越前』のように長く続くものが生まれると思うんですよ。それに、昔にあることは今もあるので、江戸の話は現代にも置き換えて観ていただくこともできると思うんです。人間がそこで生活をして生きていると、いろんなことが起きるわけで。僕が今作を演じて印象的だったのは、認知症の問題なんです。正気なのかボケているのか、医療が発達していない江戸時代ではより曖昧な中で、家族としての判断は非常に難しかっただろうなと。最後には忠相が裁くんですけど、どうやって親と子供の気持ち、人の想いを汲んでいくのか？が大事なので、そこは現代と一緒ですよね。現代は色々なことが進化しているけど、結局は男女が巡り合って、恋をして、家庭を作っていくように、人の営みってそんなに大差がないと思うんですよ。江戸時代だって社会問題や性的犯罪も、もちろんあったわけですからね。

——若い世代には親しみのない時代劇のイメージを、東山さんが生まれ変わらせているとも感じます。

東山 有難うございます。でもそこに魅力を感じられるか？は、先人の知性をどれだけ知っていて、受け入れられているか。その人のインテリジェンスだと思うんです。だから若者に見せようという気持ちより、良いものをちゃんと作れば見てくれるだろうと思っています。今、何がクールなのかと考えた時に、文化として洗練されていると個人が感じられるか？が大事ですからね。

——公正公平な大岡忠相と東山さんの印象は重なる部分もありますが、ご自身ではいかがですか？

東山 それが、段々と忠相に寄ろうとするんですよ。ある程度きちっとしないと、こういう役柄を続けるのは難しいので。だってベロベロに酔っ払って、現場で「裁きを申し渡す！」と言われてもね（笑）。説得力のある生活態度は、撮影期間中だけでなく普段から気にしなきゃできないと思います。どうアプローチするかも含めて、走ったり研ぎ澄ましていくことが、僕には必要かな。

——今作で忠相の息子・求次郎は7歳の設定で、成長をしていく様が描かれています。親子のシーンを演じる際に、ご自身もお子さんがいらっしゃるからこそ分かるお気持ちも、あるかと思います。

東山 そうですね。僕自身、自分の子供に対しては発見の連続で、あまり躾けをしているという感覚ではないんですね。子供ってそういう風にパパのことを思うんだとか、気付かせてくれるんですよ。一般論として考えても、子は社会を勉強し、親は子を育てる勉強をする。お互いに着眼点が違うだけで、それぞれが成長していくものだと思うんです。だから子供というより、1人の人間としてリスペクトしていかなければいけないと思っているので、立場としては同じ。年が上とか経験が多いから偉いんじゃなくて、フラットな状態で一緒にものを見たり感じたりした方が正しい気がして。僕が正しいことをすれば彼女たちが真似をすると思うので、あえてビシビシする必要もないかなと思っています。忠相の息子・求次郎はまだ分別がつかない年齢なので、悪いことをして反省して成長していく最中だから、もう少し自由にさせていますよね。価値観が変わる経験をしないと、何が良くて何が悪いかが分からないんですよ。だから親の仕事って、子供が何に気付くかを見て、待つことも大事だと思います。そうした経験で、僕は仕事の表現の仕方も変わってきました。お子さんを持っている罪人を裁く時も、10年前はここで泣くことはできなかっただろうけど、今だからこそ本当に分かる表現と父性は確実にありますね。

――裁きを言い渡す白洲のシーンは、東山さんにとって特別な場面ですか？

東山 限られた俳優にしかできない、役者冥利に尽きるシーンですからね。でも白洲のシーンは、正座地獄なんです（笑）。正座はダンサーにとっては致命的なんですけど、足が痺れるのも忘れるくらいに集中してやっています。公正でなければいけない場で、善悪を役の上では僕が決めていきますし、人の人生が変わっていく。『大岡越前』の見所でもあり、白洲に向けてエネルギーを集約させているので、演じる上でのクライマックスという感じもしますね。いつも食事の方法からトレーニングまで、シーンによって変えていくんですけど、白洲は特別メニューです。スポーツ選手が試合に臨むのと同じ感覚ですね。

――大岡忠相たる姿勢を保つため努力をされている中で、年齢を経ると肉体的にも精神的にも、コンディションに気を配る思考性はより強くなっていくものでしょうか？

東山 年齢を重ねると、より真剣に物事をやった方が面白くなるんですよ。若い頃は勢いだけの時もあったんですけど、「二日酔いで現場に入ってもいいや」というような不甲斐ない時期を経て、ある程度計算して作り上げていった方が楽しいと感じるようになるんです。『大岡越前』をやっていても、江戸弁のイントネーションがちょっと違うとか、そういう細かいディテールの部分も追求して、学問と同じように考えて演じるようになりましたね。食事も大事で、何かを決めて食べるのではなく、そのシーンによって良いものを良いタイミングで取っています。まぁ、年々そうやって知識が付くことで、もっと深掘りできるようになって、気になる点が増えるので大変ですけど、追求することが多くなるのが芸道だと思うんです。ゴールはないし、努力して報われるわけじゃないけど、努力しないと報われることもないですからね。

――東山さんがすごいと思うのは、その努力をまったく苦にされていないように見えるところで。

東山　いかに長くきちっと取り組めるかが大事なので、自分では無理はしていないです。ガムシャラにやってきた時期があるからこそ、現場でピークを作るペースは掴めてきたと思います。でも、この本に載っているキャリアを重ねた皆さんも、各々の考えがあると思いますよ。信念はブレちゃいけないですから。

© NHK

〈NHK〉BS時代劇『大岡越前5』
出演／東山紀之、勝村政信、寺脇康文、美村里江、近藤芳正、柄本時生、山口馬木也、金山一彦、石井正則、山崎裕太、高橋光臣、高橋長英、寺田農、松原智恵子、平 岳大、田村 亮、他
毎週金曜夜8時より〈NHK BSプレミアム〉にて放送中

寺脇康文

「楽しい」の中には「苦しい」が混ざっていないと駄目だと思うんです。7割ぐらい苦しい方が、感覚的にもちょうど良いかなって

撮影　You Ishii　スタイリング　山本隆司
ヘア&メイクアップ　Emiy（エミー）　文　多田メラニー

「この人さえいてくれれば良い、という人と僕は出会えた」。寺脇康文はそう言い切って、まるで奇跡のような岸谷五朗との巡り合いを懐かしむ。一生の中でそんな経験をできる人はどれだけいるのだろう。2人が主宰する演劇ユニット〈地球ゴージャス〉が25周年を迎え、2009年の『星の大地に降る涙』を記念祝祭上演することが決定した。動乱の日本を舞台に、人間たちの生き様を描いた初演を、思い切ってキャストを刷新し、ミュージカルとしてヴァージョン・アップ。アンコール公演をおこなわない〈地球ゴージャス〉にとっては25年目にして新たな挑戦だが、気骨ある2人は、現状維持を受け入れず、新たな可能性を生み出す道を選んだ。いじらしく夫を支える妻のように、絶対的な信頼を寄せる岸谷との歩みを語る寺脇の表情は、一際嬉しそうだった。

この2人は、足し算、掛け算になっても、割り算、引き算には絶対にならない

――〈地球ゴージャス〉さんのポリシーとして、一度おこなった公演は再演しないと伺いましたが、今回、過去の作品に再び取り組むことになったのは、お気持ちの変化があったのですか？

寺脇 〈地球ゴージャス〉としての25年間、これまで15作品をやってきているのですが、僕らにとっては通過点の1つだったので、25周年だから何かしようという考えは元々なかったんですね。でも、周りから「何かお祭りごとみたいにしたらどうですか？」という声をたくさんいただいたので、それに乗っかっちゃおうかと。今までやってこなかったことは何か？と考えた時に、再演だったんです。これまでは、その時々の時代や自分たちの年なり、考えを反映するものが作品だから、それをもう一度やるということは考えられなかったんですよ。それぞれが本当にかわいい子どもたちで、全ての作品が大好きなので。頑張ってきてくれた15作品の〝誰か〟を、もう一度フィーチュアリングして、日の目を当てさせようかという話を五朗とした時に、『星の大地に降る涙』と、『海盗セブン』が候補に挙がったんです。『海盗セブン』は、すごく楽しい派手な作品で雰囲気的にもお祭りにぴったりですが、『星の大地～』は、アクションや群舞、テーマ的にも「反戦」というものが入っていて一番〈地球ゴージャス〉らしいし、今の世界情勢を見ても、僕らが考える「戦争は良くないんだ」という訴えかけも含め、ちゃんとしたテーマを伝えるにはこちらの作品が良いんじゃないかと。今これを上演しても、古い感じにならないと思いましたし。俺と五朗以外の役は全て、前回出演しなかった方に登場してもらって、歌を増やして内容も変えて。マイナーチェンジして、『星の大地～』をもう一度誕生させることにしました。なので再演とは言っても、10年前の作品を基にして、これまでの最高傑作を作ってやるぞという想いがあります。

――元々、殺陣だったり、アクションがふんだんに盛り込まれている中で、今回は＋αミュージカル要素が入ってきますから、演者さんにとってはハードでしょうね。

寺脇 特に僕と五朗ちゃんはあれから10年経っていますから、体力的にもしんどいと思います（笑）。でも舞台って、楽をしても絶対に人には感動していただけないし、自分たちが苦しんで、しんどい思いをして、限界まで頑張ってこそ伝わるんだという風に考えると、以前よりもしんどいことをやっていかないと。僕らも挑戦です。「楽しい」の中には「苦しい」が混ざっていないと駄目だと思うんです。苦しいを経て、最終的に楽しいになる。苦しさのない楽しさは、本当の楽しさじゃないから、7割ぐらい苦しい方が、感覚的にちょうど良いかなって。俺と五朗ちゃんは、〈スーパー・エキセントリック・シアター（SET）〉という劇団も含めると、35年一緒にいるのですが――彼は僕の3歳下なんですけど、〈SET〉としては僕の1年先輩なんですね。劇団の歓迎会の日に初めて僕らは出会って、2人だけ朝まで残って飲んでいたんですよ。こんなに合う人間がいたのか、とお互いに思って。本当に運命の出会いといいますか、出会うべき時期だったのかなと。人間性は全然違うのに、楽しいことには苦しさが7割入っているとか、根本で考えていることや、方向性が全く一緒なんです。これだけ長く一緒にやってこられたのは、行き着く場所として同じところを見ているからなのでしょうね。この2人は、足し算、掛け算になっても、割り算、引き算には絶対にならないんです。1人が何かしたいと言った時に、「これをやったらもっと良くなるんじゃない？」と言うことはあっても、「やめよう、それは駄目だよ」がない。お互いの言うことを、ゼロにすることはないんです。たまに2人でインタヴューを受けたりして、例えば僕が先に喋るじゃないですか。その後に「岸谷さんは？」って聞かれても、「僕も一緒ですね」となっちゃう（笑）。先に言ったもん勝ちみたいになるのがね、困りものですよ。

——お互いが遠慮してどちらかに意見を寄せるとかでもなく、全く同じというのはすごいですね。

寺脇　みんなに気持ち悪いよって言われるくらい、仲良しです（笑）。いつも一緒に飲みに行きますし、芝居中も一緒でしょう？　稽古が終わってまた2人で飲みに行って、楽屋も一緒。ほとんどずっと一緒にいても全然飽きないです。もちろん、他にも仲の良い人は何人かいますけど、こういう関係っていうのは五朗ちゃんだけですね。この人さえいてくれれば良い、という人と僕は出会えたから、非常にラッキーだと思います。

——『星の大地～』のストーリーの中で、民族や文化の違い、他者への理解といった問題提起に繋がる内容が描かれていますよね。自分とは違う思考、価値観を持つ人がいた時に、相手を否定するのではなく、一度自分の中で受け入れる。その上で意見を声に出すことができれば、人間関係はもっとプラスに転換できるのかなと思うのですが——私、寺脇さんが10年司会を務められた『王様のブランチ』をよく拝見していまして、寺脇さんには他者への理解や想像力に長けている方というイメージがありました。画面からお人柄が滲み出ていて。

寺脇　ありがとうございます（笑）。そうだなぁ、特に五朗のことで言うとね、俺は「前世が夫婦だった」といつも言うんです。お父さん（岸谷）の話を「うん、間違っていないよ。でもね、こうしてみましょうか」というように、まずは彼の好きなようにやってもらうんです。あまりにも違うかなという時は、「お父さん、こっちですよ」って戻す。五朗も、すごくしっかりした自分の考えを持っているけど、人の言うことを聞くということは共通していて。誰かの提案をまずは聞いて、「分かった、おまえはそういう風に思っているんだな。俺はこう思うんだけど、どうかな」と言える男なんですよ。１００人いたら１００通りの考えがあると思うから、「違う」ということは簡単に言っちゃいけないんじゃないかな。頭ごなしに否定して相手を萎縮させても何も解決しないし、なるべくなら笑っていたい。良い空気を流していたいっていうのはありますよね。人を怒っても気持ち良くないですから。自分が人より優れているとか、上だとかも全く思わないですし。

――お話を伺っていて、本作で演じられるタバラ族のザージャが寺脇さんであることに合点がいきました。

寺脇 近いかもしれないですね。武器を持たず、歌と踊りを愛し、笑顔を大切にする平和的な民族がタバラ族なんですけど――少し話が逸れるのですが、舞台の記者会見の時に、EXILEさんが作ってくれたテーマ・ソング「愛すべき未来へ」にかけて、「どんな未来がいいか」という質問があったんですよ。真面目に答えるならば、争いのない、子どもたちが笑顔でいられる世界という風になるじゃないですか。でも、その日の帰りに五朗と「平和になって全世界から戦争がなくなったら、エンターテインメントは生まれなくなるんじゃないか？」という話になったんです。『星の大地～』も、戦争をやめさせたいからできた作品なわけで。恋愛にしても、みんなが上手くいっていたら、恋愛で苦しむ、切ないドラマはできない。悪人がゼロになったら、犯罪ドラマは作れない。何なんだろう、この矛盾は？と。俺たちは平和を願っているけど、そういう必要悪もないと駄目なのかなと思ったり。そんなことを考えたりもしながら……とにかく今、できることを懸命にやるということの連続が、この25年だったのかな。

――寺脇さん一個人としてキャリアを重ねられてきた中で、楽しさが見出せないけどやるしかない状況だったり、ご自身の心と体が一致しない瞬間っていうのは、これまでありましたか？

寺脇 楽しくなりそうな可能性が数パーセントでもあれば、やってきました。もちろん、なかなか理想通りにいかなかったこともありましたけどね。自分なりに納得する方向へ、頑張ってやっていったというか。例えば、『王様のブランチ』の司会は、〝役者〟としている自分に、4時間半の生放送の司会をやってくれとオファーが来たことで、最初は「ちょっと待って。俺、役者だから、司会者じゃないですよ」と思ったけど、当時五朗と2人でやっていた深夜のラジオ番組を『ブランチ』のプロデューサーが聞いてくれて「この人（寺脇）だと思った」と言ってくれたんですよ。俺を必要だと思ってくれる人が目の前にいる。断るのは簡単ですけど、そこまで思ってくれるのならば、自分ができるか、やりたいかは別にして、その人の期待に応えてみようかなと思って。もし断っていたら、今みたいになっていないかもしれなかったですし、『ブランチ』から繋がる仕事も多かったですから。当時、五朗ちゃんが言ってくれた「おまえならできるし、この番組だったら役者としてのおまえに支障が出るようなことにはならないと思うよ」という言葉に、背中を押されたことも大きかったです。今回の舞台もね、楽しくなりそうな可能性しかありませんが（笑）、僕らとしては「新しく生み出す」という決意でやっていますので。10年前に一度観た方も、初めて観る方も、平等に楽しめるように。たまに、舞台で何かギャグを言った時に笑いが起こって、「これ、何が可笑しいんですか？」「前回の作品でこういうネタがあってね」と教えてもらうことがあるんですけど。それは駄目でしょうと思うんですよ。前の作品を観ていないと分からないことをやられても、という気持ちがあるので……うちは一切ないですから、ご安心ください（笑）。

——内輪ネタとかノリが入ると、たまに置いてきぼりになっちゃうことがあるんですよね。

寺脇　そうそう。役名があるのに、ノリで役者の本名を呼んじゃったとかね。ちょっと間違えたりしても、さっきのところからやり直そうとかさ。こっちは、今そこでおこなわれている〝本当のこと〟として観たいのに、ここから台詞をやり直そうみたいな流れをされると、作り物なんですか？みたいな。もちろん分かっているんだけど。僕らは、もし誰かが間違えても、それをストーリーの流れの中でお客さんに分からないように上手く繋げていきます。よく「どこがアドリブで、どこが台詞なのか分からない」と言っていただくんですが、そこが上手くいっているからじゃないかなと。アドリブも、その役で言わなきゃ駄目だと思うんです。役の人が言うアドリブはいいけど、役者本人の素に戻ったアドリブは、僕らの中では全くやらないし、認めないというか。例えば、五朗ちゃんと俺が出てきて、いつもはぶつからない壁に、ちょっとぶつかったとする。台詞はもうそんなにないんだけど、ここでぶつかった人を何も見ないようにするのも変じゃないですか。「大丈夫？　今、ぶつかった？　膝とか、大丈夫？」みたいな、こういうアドリブは生きている人間が言うから自然なんですよ。わざわざ相手を困らすために言うアドリブは許せないし、毎回いろいろなネタを変えてやりたいんですっていうことも駄目だと思うんです。どうしてもやりたいっていう子がいたら、「責任持てるのか？　（アドリブを言って）持ち上げてきた空気が一旦沈むことも請け負えるのか」と聞きます。自然に出るものは、その役の感情でどんどん言ってくれて良いんですよ。でも、毎日ネタを変えるとか、そういうことは必要ない。それは狙っちゃ駄目だよねっていう。

――〈地球ゴージャス〉に参加される、特に若い世代の方にとってはすごく学びの場になりそうですね。

寺脇　稽古場で若手の子に、「もし面白くできるんだったら、考えてもいいよ」なんて言うと、急にコントみたいなことが始まって、僕らはずっと観ているんです。「今は楽しかった、有り難う」と言うけど、本番はない。何かを考えてくること、そこに時間を使ったことに対しては褒めますし、台詞を絶対に変えるなということは言いません。もし良いと思えるなら、実際にどうやってくれるのか。変えるなら理由がないといけないですし、変えたことが効果的でない限り、駄目だよとは言いますね。五朗ちゃん、命を削って台詞を考えていますから、それをそう簡単には、ねぇ？　まず、台本の通りにやってみようよと。お父ちゃんの声を代弁して言っております（笑）。

ダイワハウス Special 地球ゴージャス
二十五周年祝祭公演
『星の大地に降る涙 THE MUSICAL』
作・演出／岸谷五朗　演出補／寺脇康文
出演／新田真剣佑、笹本玲奈、松本利夫（EXILE）、湖月わたる、愛加あゆ、島ゆいか／森 久美子、岸谷五朗・寺脇康文、他
東京公演／3月10日から4月13日まで〈舞浜アンフィシアター〉
大阪公演／5月3日から5月14日まで〈フェスティバルホール〉

永瀬正敏

撮影　中森真　スタイリング　渡辺康裕（W）
ヘア&メイクアップ　勇見勝彦（THYMON Inc.）　文　堂前茜
ロングシャツ（168,000yen）、Tシャツ（24,000yen）共に、ヨウジヤマモト（ヨウジヤマモト プレスルーム tel.03-5463-1500）

人を200％理解できることはない、ということ。誰とであっても。だけど、情だったりが生まれることでカバーされるものがあって、一緒に歩いていける

山本直樹のコミックを廣田正興監督が映画化した『ファンシー』で永瀬正敏は、昼間は郵便配達屋もこなす彫師・鷹巣 明という男を演じた。サングラスがトレードマークの彼は、町外れで引きこもって暮らす若い詩人（窪田正孝）――外見も生態もペンギンのような――にファンレターを届ける日々を送る。ある時ペンギンの熱烈なファンで自らを「月夜の星」と称す女性（小西桜子）がペンギンの元に押し掛け共に暮らし出したことで、3人の関係性に変化が訪れる――舞台となる昭和な味わいの温泉街、どこかタガが外れた住人とギラギラとしたヤクザの抗争、浮世離れしたペンギンの住処――リアリティとファンタジーが絶妙に混ざり合った世界観は、「何だったんだろう、この映画は」と観終えた後に誰かと語り合いたくなる、かつての日本映画の強烈な残り香があった。

僕らが若い頃、緒形拳さんとかが演じられていた悪人って、それはもう酷い悪人なんだけど（笑）、なぜかめちゃくちゃ愛されていたりしたので、そういう男性にどこか憧れを持ってしまったりだから「本当にこれ撮れるのか？」という話は、最初に監督にはしたんです。だけど、「いや、やりたいんです」ということだったので、監督を信じました。そもそも原作ではこんなに人が出てこないんです。本当は3人だけ（笑）。

——完成した作品をご覧になって、何を思われましたか？

永瀬　まず、よくあそこまでまとめたなっていう脚本ではありましたよね。たぶん、やりたいことを限られた予算の中でどう配分していったら自分が一番撮りたい世界を形にできるのか？という部分を、じっくり監督が考えられたんじゃないかと思います。もちろん、時間も予算もふんだんにあればそれはできるでしょうけど（笑）。

——監督の熱意を信じられたと。

永瀬　そうですね。元々彼とは、『私立探偵 濱マイク』のメイキング撮影で出会っていたんですが、17年前に原作の漫画を持ってきて、「これを映画化したいんです」と。で、「自分が監督をやる時は永瀬さんにぜひ出てほしい」という話があった流れで、今回出させてもらっているんですが、彼がこれをいかに撮りたいのかというのは、その時点でもすごく伝わってきました。その時期、彼とは密に付き合っていたので、彼の思考や撮りたい世界観というのが何となく分かっていたので、「これを出してきたか」と、ぴったり合ったんですよね。何と言うか、僕らが影響を受けてきた先輩たちがやられていた、例えばATG系であったりの匂いとかをひっくるめつつ……だけど当時は、「あれをどう長編にするのかな？」とは思っていました。

――いざ撮影が始まるとなった時点で、永瀬さんはこの郵便屋のキャラクターをどう捉えられていましたか？

永瀬 僕は山本（直樹）さんの原作を色々と読ませてもらっていましたし、映画化にも沢山なっていますからね。で、思うのは――山本さんの絵って引きの美学なんですよね。引きのエロ。だから、もしかしたら郵便屋というキャラクターも、引きの何かを出した方がいいのかな？という風には漠然と思っていました。もちろん、もっと熱くすることもできますよね。監督が新たに本で付け加えた部分、元の奥さんや子供との関係であったり、奥さんの現旦那である元親友の話、ヤクザの抗争も絡んできますからね。だけど郵便屋はサングラスをしているから、全然目を見せないんです。なのでやっぱり、引きの美学なんだろうなって。ただ、山本さんの作品は、素晴らしい原作なんだけれど、（映像化するのが）難しいですよね。ちょろっと線を描くだけですべてがエロティックになる。たった1本の線で。書き込まないっていうのかな。そこは想像を膨らます要因でもあるし、映画にする時は当然、監督がその想像を膨らました絵を撮らなきゃいけない。ハードルが高いんじゃないかな？と思います。

――山本さんの作品はエロティックなシーンが多いのに、一貫して渇いているんですよね。でも永瀬さんの郵便屋を見て、なるほど、と。ちょっとびっくりするくらいしっくりきて、ハマっていると驚きました。

永瀬 いやいや、そうですかね。

――人物としても面白いなぁと思うのが、人の弱さを放っておけない、人の頼みを断れない。そんな側面があるのに、「え？　どうして？」ということを詩人に対してするじゃないですか。残酷なのか非情なのか、義理堅く情に厚いのか？　どっちだよっていうのが謎で。

永瀬 そうですよね（笑）。

――詩人と月夜の星との関係性について語る時、「お前、それはかえって残酷だろう」というようなことを彼女に言うくらいの想像力も持ち合わせているのに。めちゃくちゃアンビヴァレントな人物ですよね。

永瀬 おっしゃる通りです。だから観る人によって視点が変わっていく。唯一のお友達の女の子を寝取っちゃうんだけど、もしかしたらその女の子の存在の根本を最初に見抜いちゃっていたからかもしれないし、元の奥さんとの関係の反動なのかもしれない。そういうところがまさに「ファンシー」だなぁというか（笑）。

――（笑）この人の中には、闇というか虚無が広がっているような気すらしてくるのに、詩人との交流では人懐っこい顔を見せたりして。これを同時に両立させてしまうのが、永瀬さんの凄さだなと思いました。

永瀬 いやいや。

――サングラスの下で人の本性を見抜くというか、きっと射抜いている。鋭くではなく、穏やかに。目の演技というのは今回見られないわけなんですが、サングラスをかけていることについてどんな意識がありましたか？

永瀬 監督も、サングラス合わせっていうかな、そこにすごく時間をかけられていました。（目が）見え過ぎてもいけないし、見えなさ過ぎてもいけない。「角度や光によっては目が少し見えるかな？」くらいのものにしたいと、衣裳合わせの時からこだわられていましたね。その時点で僕にメッセージが伝わっていました。

――あと興味深いというか面白かったのが、前の奥さんに会いに行っていた時、ビルの正面で月夜の星を待たせていて。用が済んで出てきた瞬間、「待たせたな」と言って、いきなり郵便屋が彼女にキスするんですよ。あのシーン、ちょっと笑っちゃって。その勢いに、「久しぶりにこういう感じの、観たな」と。

永瀬 そうね（笑）。

――前半の方で、ホテトル嬢にガバッとキスしたりするところや、詩人の代わりに月夜の星と行った出版社の交流会の飲みの場で、彼女にするシーンと通じるんですが、普段は淡白なのにどうした？っていう（笑）。

永瀬（笑）それ、監督の演出だと思いますね。例えば、よくあるじゃないですか——アメリカとかの映画で、偶然出会ったはじめましての女性と、バーかなんかで飲んじゃって、そこで他愛もない話をして仲良くなって、で、いきなり場面が変わり、急に家の中でガツーンみたいなやりとりが始まるっていう。

——（笑）ありますよね。我慢できない男女が玄関先で熱く絡み合って。

永瀬 そうそうそう。それを最初に言っていたんですよ、監督が。で、監督に「でも実際にそういうことある？」という話をしていたんですけど、そこで２人で話した結果、全部ガバッといく、となったんでしょうね（笑）。

——感情に起伏がない人なのにそこは熱くて、ますます面白いキャラクターだなぁと。

永瀬 まぁ飲みの場でのやりとりにしてもそうだけど、やはり彼女にも情があったんでしょうし。色んな思いがあるだろうけど、彼女を守るというのも、監督の美学の１つなんでしょうね、その生き方自体。だけどね、最初に話があってから17年も経っていたのに、事前に詳しく話していなかったんですよね。「こんなに時間があったのに話していなかったなぁ」って、現場の休憩時間に話をする感じでした。

——どんな話をされていましたか？

永瀬 やっぱり撮影場所に行ってみないと分からないことが多いから、「次のシーンはどんなロケ場所か、行ってみないと分からないんだけど、本の通りに動くとなると、あのシーンの世界はどうやればいいですか？」と質問したり。「そうなると娘はどこにいることになるのか？」とかね。漫画で書いてあることは漫画のコマで表現できるけど、それこそ今回はそこから膨らませた本だし、映画の場合はそういうわけにはいかなかったりするので。だから監督は撮影現場には必ず原作を持ってきていて、何度もチェックしていました。

それを絵で見せているのが山本さん。で、山本さん節をちゃんと廣田監督が受け取って、演出していたのかもしれないですね

――永瀬さんとしては、映画と原作とで、またちょっと違う部分はあると思うんですが、この作品が発するものというかメッセージというか、どんなものを受け取られましたか？

永瀬 なんせ詩人がペンギンですからね（笑）。でも、山本さんがペンギンという形にした妙のようなものはあるよなぁと思っていて。人間生きてりゃ、正しい悪いだけでは判断できないことも沢山あるよねっていうグレーの部分、ここを山本さんは突いているのかもしれないなとは思いますね。あと、人を200％理解できることはない、ということ。誰とであっても。だけど、情だったりが生まれることでカバーされるものがあって、一緒に歩いていけるというか。だって（郵便屋は）思いっ切り裏切ってはいますからね。だから、「はい、あなたは悪。はい、じゃあさよなら。」ということではないんじゃないの？ 人生は」みたいなことなんですかね。その話で言うと――僕らが若い頃、緒形 拳さんとかが演じられていた悪人って、それはもう酷い悪人なんだけども（笑）、なぜかめちゃくちゃ愛されていたりしたので、そういう男性にどこか憧れを持ってしまったり。実際そんなことはできないんだけどね。

――でも今回永瀬さんが郵便屋を演じられたことで、悪人とは一口に括れない人物に――やっぱり永瀬さんが演じられているものが滲み出ていると思うんですが、例えば郵便屋は――月夜の星は若い女性という設定ですけども、彼女に渦巻いているいろんな欲望を見抜いて、スポイトのように吸い取ってあげる存在というか、一緒に共犯関係になってあげていたとも感じられる。そんなスポンジのような人にも思えるんです。

永瀬 なるほど。

――詩人とも、ぐだぐだと雑談することで、彼の何かを引き出してあげているようにも思えますし。図らずも吐き出させているというか、彼の煩悩のようなものを。だからそもそも郵便屋は、悪とか善という天秤にかける存在ですらなくて、さっき言った虚無に近いんですけど……。やっぱり、郵便屋の断れない感じ、引き受ける男らしさのようなものって、深読みかもですけど、永瀬さんの何かしらを想起させるといいますか。あくまで勝手な想像ですけど、例えば若い女性が「永瀬さん」と寄って来た時に、永瀬さんは無下にはしない気がするんです。まずは受け止めて、何かを引き取ってあげることがあるかもしれないですし。何と言うか、突き放すことはしなそうだなって（笑）。

永瀬　（笑）なるほどね。どうでしょうね（笑）。だけど観てくれた人がみなさんそういう意見だといいなぁ。

――ところで他のキャストの方々、ヤバいですね。みなさん適役過ぎるというか上手過ぎます。

永瀬　いや、それは本当に感心しましたね、監督に。最初、「ペンギンやれる人なんかいる?」と思っていたんだけど、現場に行ったら、もうペンギンでしか思えなくなってしまったくらい、ぴったりでしたし。それはもちろん小西さんもそうだし、（田口）トモロヲさんもそうだし。

――吉岡睦雄さんもハマり役でした。しかし窪田さん……いろんな役をやられてきた方ですが、窪田さんの魅力の1つは、危うさ、だと思うんですね。

永瀬　僕もそうだと思いますね。

――彼の持ち合わせる脆さ、危うさを、こんなに引き出した役も、なかなかなかったな、と。

永瀬　そうそう。本当にぴったりでしたね。びっくりでしたよ。たぶんインする前は色々と悩んだんだと思うんです。着る服に関してもそうだし、どういうお芝居で臨んだらいいのか?なども。だけど現場で初日にお会いした時から、もうそのままだったので、何度も言いますけど、ちょっとびっくりしました。

——窓辺で月をずっと眺め続けている目には静かな狂気すら感じました……あと、映画の中で郵便屋が、後に残る格言のような台詞を結構吐いていたのも印象的で。「手前の時間なんだから好きにすればいいだろ」と、ちょっと諭すように言っていたり。吉岡さん演じる同僚と酒を飲む場面では、彼の心を見透かして「手前の腹の中に俺を引きずり込むな」と言い放ったり。「あぁ、そういうことって日常であるよなぁ」と思わされました。

永瀬 確かに。でもそれ、山本さん節かもね。それが台詞というか、文字で書いてある時もあるし、書いていない時もあるんですけど、それを絵で見せているのが山本さん。で、山本さん節をちゃんと廣田監督が受け取って、演出していたのかもしれないですね。僕は言われるまで気が付かなかったですけど。

——なんか一方的に感想をお伝えしたばかりになってしまいました……。

永瀬 いや、それが一番嬉しいんですよ、役者は。

『ファンシー』
監督／廣田正興　原作／山本直樹
出演／永瀬正敏、窪田正孝、小西桜子、宇崎竜童、田口トモロヲ　他
2月7日より〈テアトル新宿〉他、全国公開

織田裕二

僕、実はあまり表に出たいタイプじゃないんですよ。どちらかと言ったら、1人で山奥にこもって、ものを作ったりしていたいくらいなので

撮影 柏田テツヲ（KiKi inc.） スタイリング 大迫靖秀
ヘア&メイクアップ 飯面裕士（HAPP'S.） 文 松坂 愛
衣装協力／ラルフ ローレン パープル レーベル（ラルフ ローレン 表参道 tel.03-6438-5800）

真っ直ぐ前を見据えた目、ふいの満面な笑顔、相手に緊張感を与えないフラットさ。織田裕二本人の纏う空気や表情、仕草1つひとつに、ひどく心が動かされてしまった。織田自身は「元々は、あまり表に出たいタイプじゃない」と言うが、根っからの〝魅せる人〟である。だからこその作品でも、観る側の記憶に強く残す何かがあるのだと思う。その1つが2018年に放送された『連続ドラマW 監査役 野崎修平』〈WOWOW〉だ。自分の信念に正直に生きる野崎修平の奮闘は、観る度にほとばしる熱量があった。その作品の続編が『連続ドラマW 頭取 野崎修平』〈WOWOW〉。正義をぶつけ合いながら、経営悪化した銀行再建に挑む本作では、監査役から頭取へとシフトしたことで、同じ人物ながら見えている景色が異なるという。今回、野崎はどう険しい道から進む道を見つけていくのか。

真面目な役、本当はやりたくないんです（笑）

――『ステップピンアウト！』にご登場いただくのが初になるので、根本的な部分からお話を伺えればと思うのですが――織田さんは、どれもが代表作と言えるぐらい、多くの濃い作品に出演されてきて。その中で、お芝居との距離感だったり、向き合い方は最初と比べると大きく変わっていますか？

織田 最初のデビュー作の頃は、お芝居に興味を持っている感じではまだなかったんです。現場に見慣れない機材があって、むしろ、スタッフさんの手伝いをしたいなと思ったりしていましたし。僕、実はあまり表に出たいタイプじゃないんですよ。どちらかというと、1人で山奥にこもって、ものを作ったりしていたいくらいなので。見えないところにスタッフがたくさんいて、こちらのお芝居を見ているという状況って、ちょっと恥ずかしいじゃないですか。あまり見ないでほしいなって（笑）。だからカメラに向かって笑うとかもなかなかできなくて、どうしていいか、引きつっちゃうという。それは今も実はあまり変わらないです。最初のデビュー作なんかでは、監督が手取り足取り教えてくださって。苦労したのを覚えています。ゾーンに入っちゃえばいいんですけどね。乗り移るじゃないんですけど、役柄に入っている自分のお芝居やセリフに気持ちがちゃんと乗っかっていて、その気分になっていればカメラだとかを忘れられるので。でも、シーンの状況になかなかハマらない時は、平均点以下になってしまうんです。周りから「極端な人だ」とよく言われていましたね。

――そういうハマらない瞬間は、今でもありますか？

織田 もちろんあります。今はごまかす術をだいぶ覚えた、というのがあるんですけど。以前、あるベテランのミュージシャンの方に曲を書いてもらい、歌入れをしていた時に「プロとして上手くやっていくために、何か秘訣はありますか?」というようなことを聞いたことがあったんですね。その時に、「何しろプロになれるくらいだから、そういう人はみんな良いものは絶対に光っているはず。でも、ダメなところ、弱点、弱いところが必ずあるはずだから、そこをどうごまかせるか。それがプロとアマの違いと言ったら変だけど、そこなんじゃないの」と言われたことがあって。人って、ダメなところって、最後まで苦手かもしれないんですよね。だからどうごまかすか。当時、その言葉がすごく腑に落ちたんです。

——ある意味、ダメなところを受け入れるというか、ダメなところはダメと理解してどうするか?と考えていくことって、潔くも感じます。仕事の面で、当時と変わってきたところだと、どんなことが挙げられますか?

織田 今は、いろんなことを経験としてやってきたので、その分、自分としての幅は狭くないとは思います。昔は、「僕はこれしかやりたくない」とか「こうありたい」とか、狭いピンスポットを狙っていたんです。なぜか?というと、お芝居をやっていると、役柄であるから自分ではないじゃないですか。役柄で見てほしいという想いと同時に、別の欲も出てくるわけですよね。一生懸命、自分は「こうなんだ」と言おうとして狭くなっていたんだと思います。その頃は、コンサートでも、「あれ? 誰のファンできているんだろう?」という疑問が出てきていたんですよ。織田裕二なのか、それとも役柄なのか。会場で役名が声としていっぱい飛んでくるわけですよ。それが若い時はね、嬉しいのか、嬉しくないのか、難しい時があって。「僕を知ってくれ、見てくれ」って、すごく贅沢な話なんですけど、そう思ってしまうとんがった頃の若い自分がいました。

自分で作った歌詞の世界観を伝えたいという一方で、今度、役に入った時はその役柄になり切りたいという想いももちろんんあって。若い頃はずっと、音楽と役者でバランスを取っていた、という感じだったんです。

——過去のインタヴューを拝見すると「良い作品と巡り会えた時に成長できる」とおっしゃられていて。前作から続く今回の作品に関していうと、織田さんにとって、どのような存在の作品になっているのだろう?と。

織田　『野崎』に関しては、またやりたいなという想いがあったんですよね。もっとこのチームでこういう世界でやりたいなと。最近は、わりと年下の役者さんやスタッフの方と一緒にやっていたんですね。でも、この作品では、実は映画で、何度もご一緒しているカメラマンさん、照明さん、録音部さんという。映画で5、6本は一緒にやっているんじゃないかな。ただ、テレビではやっていなかったんですよ。「おっ、今回、テレビをやるんだ」という想いもありましたし。そこに関しては、ずっと前から、クロスオーヴァーすればいいとも思っていたんです。日本はそんなに人材がいないから、優秀な人はテレビの人も映画に行けばいいし、映画の人もテレビに行くべきだって。技術の進歩もあり、それが可能になってきている。すごく面白い時代になってきていますよね。その上で、本当にベテランの役者さんに囲まれて、若い自分のぺーぺーがいるという感覚が久しぶりだったことも嬉しくて。何度もこういう形で、ベテランの役者さんとご一緒したいと思ってしまうくらい。難しいでしょうけど、僕は本当のところ、ベテランの役者さんの中で、胸を借りるということを死ぬまでやっていたいんですよ。一方で、監督さん（権野 元）は年下なんですけど、それを感じさせない知識量と、決断力があって。本の中で疑問点とか何かがあった時に、監督に相談にいくと、気持ち良いほどにピタッと自分と同じ意見で収まるんですよね。こういうことは、なかなかなくて「あぁ、すごいな」と。それぐらいセンスが合うというか、考え方が合うんだ、という方なんです。そういう意味で、ストレスがないですし。ところが、作品の中の役柄的にはストレスがかかるんですけどね（笑）。

――とんでもなく、真面目な役ですよね。

織田　僕、真面目な役、本当はやりたくないんです（笑）。辛いんですよね、真面目な役って。芝居のストライクゾーンがものすごく狭いので。でも、このチームだから、またやりたいと思えたんです。じゃなかったら、真面目な役なんて二度とやらないと思うくらい、大っ嫌いなんですけど（笑）。だから、前作の撮影中は、ずっと、新橋に行って一杯やってから帰りたい、という気持ちでいたんです。しょうがないから、毎日、家に帰ってビールを飲んでいましたけど。普段なら作品中はあまり飲まないし、飲みたいと思わなかったんです。でも、『野崎』で飲み始めてから変わってしまって、僕、毎晩、ビールを飲むようになっちゃったんですよ。クセがついちゃって困ったなと思いながら（笑）、あれからほぼ毎日飲んでいるという。

――（笑）今回、続編を演じられるにあたり、その時に演じていた記憶を辿ったりはされましたか？

織田 やっぱり忘れているところがあるので、前作を観返したんですよ。そこから今回の本を読んで、実際に現場に立ってやってみると、明らかに違うんですよね。ベテランの役者さんに囲まれていたのが前作で、今回は逆なんです。今度は、頭取という立場で、自分がトップに立っちゃったんですよ。今までは上に文句を言っていた立場で、「見てみたいですね、頭取になったところを」と言われていたのが、実際、その頭取になりました、という。下の気持ちって、みんなよく分かると思うんですよ。「ちくしょう、この仕事！」という気持ちは、誰しもが経験したことがあることだから。でも、トップは、その中でピラミッドの頂点にいかなきゃいけない。頂点から見える景色を、彼はどう見ているのかなって。決断しなきゃいけない部分とか誤解を受ける部分もあるでしょうし、言い訳もできない。続編なんだけど、単なる続編じゃないなと思ったのは、立場が逆になったからですね。監査役というチェックをする機関で下から築き上げてきた人が、今度はトップになって下から突き上げられるという。同じ人間ながら、立場が変わる、という作品はなかなかないので、これは面白いなと思って。監査役の時と同じなのは、１人では変えられない、周りの力が必要だということ。上の立場になった分、自分が何かをできるわけじゃなく、人を育てて実現していかなきゃいけないというのがあるんです。

――前作も非常に熱量が高い作品でしたが、今作も台本を拝見したところ１話なのかな？と思うほど濃くて。

織田 前作は古谷一行さんはじめ、みんながすごく熱があったんですよね。今回はガラッと変わって若返っているので、多少心配な部分はありますけど。やっぱり、ベテランの本気の熱量って恐ろしいものがあるので。

――野崎は、頭取になることがどんなに泥舟だとしても乗るという決断をします。それは、自身の原点を救いたいという想いもあるからで。織田さんにとっては、そういう原点というと、どんな作品を思い出しますか？

織田 原点……20代ですね。『振り返れば奴がいる』とか『お金がない！』とか、『踊る大捜査線』の青島（俊作）をやっていた頃。あの頃はシンプルで分かりやすくて、作りやすかったなとも思います。今だと新人っぽい役ってなかなかできないですし。歳を重ねると、偉い人とか責任がある立場という役はいっぱいあるんですけど。だからこそ、そうじゃないものもやってみたいという欲も出てきています。立ち返ってこの歳で新人みたいな役もやってみたいですけどね。この歳で新人ですか、というのも面白いなと。もちろん、役者としてやりたい役柄と、観ていただきたいと思う作品が上手く合致しないとなかなか良い作品とは言えないですけど。上手く世の中に伝えたい何かと合致すれば、「こういうテーマだったら面白そうだよね」となってくるのかなと。今なら、生きる知恵は持っているので、そこを武器にできるだろうなとか、そういうことは思いますね。

――原点とも言えるべきような役も、この先、ぜひ拝見したいです。

織田 ただこの先々なんかたかが知れていますからね。今はもっと良いものを持った人がどんどん出てきてほしい、という想いもありますし、僕は、ほとんど年1本くらいしかたぶん出ていないと思うんですよ。人生においてこのペースでやっていたらあと何本できるんだ、というくらい数が少ないから。だから間に合うかなと思ったりはしますけどね。

『連続ドラマW　頭取 野崎修平』
監督／権野 元　原作／『頭取 野崎修平』周 良貨・能田 茂〈集英社刊〉 出演／織田裕二、松嶋菜々子、小澤征悦、風間俊介、岸谷五朗、瀧本美織、駿河太郎、泉 里香、小林且弥、渡辺翔太（Snow Man）、三浦誠己、小市慢太郎、野間口 徹、西田尚美、相島一之、宮川一朗太、宇梶剛士、古谷一行、他
毎週日曜夜 10:00 より〈WOWOW〉にて放送中

吉田栄作

僕は、あまり保身の方にいかない、というのがあるんですよね。おのずと一定のリズム、安定を好まない。積み上げた時に、だるま落としをするように「んー、えい」と壊す瞬間が一番好き

撮影　田邊剛　ヘア&メイクアップ　鎌田直樹
文　松坂愛
撮影協力　ユナイテッドアローズ

時代は16世紀末——激しく、強く、したたかに生きた2人の女王がいた。スコットランド女王のメアリ・スチュアートと、イングランド女王のエリザベス一世である。2人の対立と、2人を巡って奔走する人々の群像を描くのが舞台『メアリ・スチュアート』だ。メアリを長谷川京子が、エリザベスをシルビア・グラブが、また、2人の女王から寵愛を受ける策略家のレスター伯ロバート・ダドリーを吉田栄作が演じる。レスターは、エリザベスに爵位を与えられ重用され、愛人関係であったと知られる一方で、メアリと婚約していたという。複雑にねじれた心理の中に潜むものとは？　生と死、宗教と政治、理性と感情、気高さと恥辱……相反するものの間で揺れ動く。この激動の16世紀と、今の時代は似たものがあり、今だからこそ、この登場人物たちの生きざまを胸にとどめておきたい。稽古期間前というタイミングではあったが、作品に対する吉田の話を訊き、その想いがより一層強くなった。

人生は1回だけなんだよ、という気持ちが強くなっている

――役者、歌手として、長くご活躍されている中、吉田さんにとって舞台はどういうものなんだろう?と。

吉田　舞台は、2006年に〈新国立劇場〉の小劇場で上演した『やわらかい服を着て』という、イラク戦争を反対するNGOのリーダーの役から始めたんですね。その作品の中にあるメッセージに僕的にフックがありまして、それで舞台の世界にきたんです。それまで僕は、自分自身が舞台上で演技をする人間だと思っていなかったんですよ。もちろん知り合いが出ていたりするとね、観に行ったりしていたんですけど。それでも自分が表現する場とは遠いところだと感じていたんです。だから、当初は、自分が本来、立つはずじゃなかったところに立つということにおいて、やはり何かモチヴェーションがほしかった。メッセージにフックがあって、というのが、まさにモチヴェーションにもなったんですよ。その次の作品は、この〈世田谷パブリックシアター〉の開場10周年の年に上演した『三文オペラ』という作品で。昔の戯曲なんですけど、紐解いていくと、民主主義に対してのアンチテーゼみたいなのがあったりして。で、その翌年が、また〈新国立劇場〉に戻って、今度は『オットーと呼ばれる日本人』という作品だったんですね。ここでは、戦争回避をするために動いた結果、当時の評価として、国を裏切った裏切り者として処刑される、実際にいた尾崎秀実さんという方の役。この3作品は、僕は固い意味でロックを感じたんですよ。それからあれよあれよと、気付いたら、毎年、何かしら舞台をやっている、という感じですよね。

――ロックを感じるものに、おのずと向かっているところはずっとありますか?

吉田　そうですね。なぜかそこが自分の中の大きな判断基準になってしまっているところがありますね。

――最初にご自分が揺さぶられた記憶というと、どこまで遡りますか?

吉田 たぶん、子どもの頃からいわゆる普通じゃなかった自分の家庭環境に、まず1つのモチヴェーションになるきっかけがあったんだと思うんですね。「ちくしょう、違うぞ」と。ただ、そう感じながらも、覆せるきっかけがなくて、なんとなく高校生ぐらいまできちゃったような気がするんですけどね。

――その後、実際に行動に移すことになる出来事というのはあったのでしょうか？

吉田 僕、神奈川県の出身なので、〈ｔｖｋ〉があってね、よく洋楽が流れているんです。その中でメッセージソングを歌うロックスターを知って、すごくカッコ良く見えたんですよね。当時でいうと、ブルース・スプリングスティーンとか。星条旗を背負ってね、テレキャスをかき鳴らしながらしゃがれ声で歌っているんですよ。「おお、かっけえなぁ」と。ただ、海の向こうの世界だし、ブラウン管の向こうの世界だし、という想いもあったんです。そんな時に、たまたま浜田省吾さんの「MONEY」という曲を聴いたんですよ。〈いつか奴等の 足元に BIG MONEY 叩きつけてやる〉とすごくストレートな詞だったんですね。曲の頭が〈この町のメインストリート 僅か数百メートル さびれた映画館と バーが5、6軒〉という。それが自分の生まれ育った町の光景にちょっと似ていたというのもあって、僕の中に〈いつか奴等の 足元に BIG MONEY 叩きつけてやる〉という気持ちが生まれたんです。で、高校2年になって。僕、ずっと部活は幼少期からやっていたバスケットだったんですね。その部活が休みの日に小田急線で新宿まで遊びに行って、ある高層ビルに上ったんです。そこから地上を見下ろした時に、「ああ、人が小さいな。自分もあそこへ行けば小さいんだな」と思った時に、自分が死んだ時に何かが残るような未来にしていこうと思って。その翌日、部活を辞めて、俳優になる準備を始めたんです。時を同じくして、友達から誘われて、その友達と一緒にロックバンドを組んだんですよ。それが16歳、高校2年の時でした。その後、19歳でデビューして、20歳で歌手デビューしたんです。

――その当時の衝動は色褪せないものなのでは？と感じました。

吉田 これは消えないでしょうね。自分の美学とまで言いませんけど、要はよく言う「三つ子の魂百まで」というやつの「16の魂百まで」という感じだと思うんですけどね。いわゆる自分の根っこにあるもの、というか、核の部分というのはいつまでも変わらないでしょうね。

――今回の作品だと、吉田さんが一番揺さぶられたところは？

吉田 稽古の参加がこれからなので、演出家の森（新太郎）さんがどのような解釈をされているのか、読み方をされているのか、そこはまだ分からないんですけど。僕が読んだ中では、物語の最後の解釈に非常に心を寄せることができたかなというのがありますね。

――吉田さんが演じられるのは、レスター伯ロバート・ダドリーという役です。

吉田 どうしても立場上、野心、野望がある役なのかなと。そのあたりは全然、僕とは当てはまらないんですけど。ただ、立ち位置としてはエリザベスに仕えているわけですけど、そうしている理由が実はメアリの処刑を何とか回避するところにあるのかなとは思いますけどね。でも、回避できなかった時にどうするのか。その時のレスターの心境をどう作り上げていこうか？とは思っています。

――レスター伯ロバート・ダドリーは、どんなことをヒントにされて取り組もうとされていますか？

吉田 運良く、最近の映画で参考になる作品があったので、それはヴィデオ屋に行って借りました。たまたま僕が演じるレスター伯ロバート・ダドリーが出てくるんです。いかんせん外国の歴史だし、外国の方が書いたものなので、われわれ日本人ができることはどういう風に……気分を高めるか。それは必要なので、その高め方をどうするかということですよね。

――この時代に生きる女性たちは、吉田さんから見るとどう映りますか？

吉田　特にこの2人は強かったんだろうなと。強いという言葉じゃ収まらないぐらい、クレバーであってね。実際強くて美しかったと言われていますし。それを支える周りの女性たちも、仕えるということに対しての忠誠心が強かったんだろうなと思いますよね、男以上に。日本の女性もそうだったのかもしれませんよね。

――この時代に生きるなら強くしたたかに生きないと、飲み込まれてしまうのかなという印象もありました。

吉田　制作発表会の時に森さんが言っていたんだけど、「まさにそれが今だ」と。僕もそう思うところがあって。今も強くないと飲み込まれるでしょ。今の社会も、飲み込まれているんじゃないかなと僕は思うんです。それは政治家だけじゃなく、一般の方々も。いわゆる携帯だ、ＳＮＳとかもそうですし。そういうものの普及によって飲み込まれないようにしようとしたり。そういうことがある気がするんですよね。確かにそうなっちゃうんだったら、死んだ方がマシみたいなところがある気が個人的にしてしまう。「便利だな」というのはあるんだけど。その人が作った便利さが、結果、人を殺しているところがあるんじゃないかな？と思うんです。

――余白というか、何もしていない、という時間が減ってしまっているようにも思います。

吉田　今は人と人が会えない、ということがなかなかないじゃないですか。でも以前ならその、ままならなさが物語になったんです。人が焦って走るシーン、会いたくて走るシーン。そこから会えた時の嬉しさとか安堵感。そういう感情も便利になったことで失われつつある。人々の生活の中にドラマ自体が失われているなと。

――悲しいですが、まさしくおっしゃる通りで。ある種、今だからこそ、本作の登場人物たちの生きざまがより響くようにも思います。そして最後に――この本誌は、「挑戦し続ける大人たちへ」というテーマを掲げていて。吉田さんは14年ぶりにアルバム『We Only Live Once』を出されたり、20代の超特急というグループのミュージック・ヴィデオに出演されたりと、新たなことに臨まれていて。今、やり進めたいことだとか、何かそういう欲のようなものはありますか？

吉田　あると思います。意のままにやっていきたい、という欲は確かに増しているというか。結果がどうなろうと、本当にそうするんだ、という意志が強くなっているというのがあります。だから、それこそ今回の僕のアルバム・タイトルに『We Only Live Once』と付けて。人生は1回だけだ、という意味があるので。年齢とともに、人生は1回だけなんだよ、という気持ちが強くなっているということなんだと思うんですけどね。

――お話を聞いていると、その気持ちはずっと持っていらっしゃるんだろうなと。

吉田　そう思いますよ。僕は、あまり保身の方にいかない、というのがあるんですよね。おのずと一定のリズム、安定を好まない。積み上げた時に、だるま落としをするように「んー、えい」と壊す瞬間が一番好き。そういう意味では、きっと、ある種、ずっと子どもなんでしょうけど。

――ご自身の中で積み上げてきたものに寄りかからず、突き進んでいらっしゃるというか。

吉田　たぶん、自分が思う、それこそさっきのロックじゃないけど、カッコ良さの原点みたいなものが、結構、何も持っていないやつだったりするんですよ。で、そいつがもし、本当に何にも持っていないやつだとダメなんだけど。「何にも持っていないんだけど、大丈夫なんだよ」と言えちゃうやつというかね。そういう男、そういう人間に魅力を感じてしまうんです。

――何かを持っているとか、自分が何者である、とは思わないというか。

吉田　そうですね。カッコ付けたロックな言い方だと「金じゃ買えないもの」というやつですよね。確かな何かが自分の中にあれば、別に何もいらない。だからこそ何も持っていない、と言えちゃうのかなと思います。

© 山崎伸康／秋澤一彰

『メアリ・スチュアート』
作／フリードリヒ・シラー　上演台本／スティーブン・スペンダー　翻訳／安西徹雄　演出／森 新太郎　出演／長谷川京子、シルビア・グラブ、三浦涼介、吉田栄作／山本 亨、青山達三、青山伊津美、黒田大輔、星 智也、池下重大、冨永 竜、玲央バルトナー、鈴木崇乃、金松彩夏／鷲尾真知子、山崎 一、藤木 孝
1月27日から2月16日まで〈世田谷パブリックシアター〉にて上演
問合せ／世田谷パブリックシアターチケットセンター　tel. 03-5432-1525（10:00～19:00）

大泉 洋×小池栄子

撮影　TISCH（UM）　スタイリング（大泉）九（Yolken）（小池）えなみ眞理子
ヘア&メイクアップ（大泉）西岡達也（ラインヴァント）（小池）山口公一（スラング）文　堂前　茜
（大泉）カーディガン／（290,000yen）／FRANK LEDER（MACH55 Ltd.　tel.03-5413-5530）シャツ（42,000yen）／ETHOSENS of whitesauce
（ETHOSENS of whitesauce　tel.03-6809-0470）パンツ（60,000yen）／Scye（マスタービースショールーム　tel.03-5414-3531）
（小池）ワンピース（36,000yen）／ランバン オン ブルー（レリアン）（ランバン オン ブルー　tel.03-5491-8862）

本人にとってみれば悲劇なわけだけども、はたから見ると笑ってしまうところが、上質なコメディなのかなぁと思います（大泉）

何と愉快な人生喜劇だろう。いや、人間讃歌とも言うべきか。映画『グッドバイ〜嘘からはじまる人生喜劇〜』は、優柔不断で気弱だが、女たちが放っておけない魅力を持つ田島（大泉 洋）という男が、幾人かの愛人たちと「グッドバイ」すべく、絶世の美女をニセの女房に仕立て連れてくる。だが頼った女が実は、泥を落とせば美人だが金にがめつい怪力・担ぎ屋キヌ子（小池栄子）だったことから、すったもんだの珍道中が始まる――太宰 治の未完の遺作『グッド・バイ』を下敷きにしたケラリーノ・サンドロヴィッチの戯曲を、成島 出監督が「ぜひ小池栄子を主演にして映画化したい」と熱望して生まれたのも頷ける、舞台版とはまた違った小池の魅力が溢れている作品だ。そして、小池を支えながらも笑いをここぞと取っていくのが、引く手数多の俳優・大泉 洋である。

目の前で大泉さんの芝居を観ているだけで嬉しい。そこが上手く作用してくれた気がします（小池）

──撮影現場はいかがでしたか？

小池 人たらしで、ついつい構ってしまう、女性がほっとけない田島という男性を、見事に大泉さんが作ってくださったなと思っています。「安心して」という言い方もちょっと偉そうですが、コメディが上手な方なので、現場はとにかく楽しかったですね。

──大泉さんご本人も、ちょっと人たらしなところがありますよね。

小池 と思います。だけど時折、ふとした表情が色っぽかったりする。計算していないんでしょうけど、それが画面の中でポイントとなってくるシーンがあって。観ていく中で、みなさん田島を好きになっていくだろうな、と思いました。「しょうがないな、この人だったら」と、愛人がいっぱいいても許せちゃうっていうね（笑）。

──小池さんご自身も？

小池 大好きですね。大泉さん自身、優しいし、面白いし。ちょっと細かいところはありますけど（笑）。

──いかがですか？

大泉 私は全編、セクシーに演じたつもりなんですけどね。

小池 そうだったんですか!?（笑）。変態男みたいなシーンがいっぱいあるのに（笑）。

大泉 彼女はよく、いや、非常に、そういう風に見えると言うんですけど、僕の中では全編キメているので。

小池 二枚目ですもんね？

大泉 どうしてそれがたまにしか感じられないのかなぁ。「たまにカッコ良く見える」とは言ってくるんです。

田島って人は大変モテるわけですから、私的にはとにかく全編カッコ良く演じたつもりなんです。で、キヌ子なんですが、やっぱりどうしても小池さんが演じる以上、小池さんのキャラクターも随分反映されていると思うんですよね。非常にエキセントリックな人だと思うんです、キヌ子さんという人は。突然、訳の分からない暴力を振ってきたりしますし、そうかと思うと、大変ウブなところがあるわけですね。そのギャップみたいなところが何ともキヌ子は可愛いんですが、小池さんもそういった、若干のツンデレ感がある。その辺がまた可愛らしくて。役としても、とても魅力的な役ですからね。担ぎ屋をしているところから、絶世の美女になるわけだから。隣にいて言うのも悔しいわけですけど、大変綺麗になるからね。メイクの力ってすごいなと思いますよね（笑）。

小池 （笑）「あれ？ 小池栄子って綺麗だったんだ」と思ってもらえたら嬉しいです。

大泉 それはもちろん綺麗ですよ。

小池 いや、きっと国民の大半はそう思っていないでしょうから（笑）。それはお互いそうじゃないですか？

大泉 誰がお互いさ。

小池 いや、だから、実はいい男で、いい女なんだよという風に、錯覚でもいいですけど、一瞬でも思ってもらえたらこの映画の勝ちですよね。

大泉 ……。

小池 田島が数々の愛人と別れた末にキヌ子を選んだ理由は、何となく大泉さんご自身も理解できますか？

大泉 そうですね。やっぱり一緒にいて楽しかったり、なんとも可愛いなと思ったりはしますよね。だけど冷静に考えて、（田島は）2階から落とされているからね。「本当に好きになれんのか？」という気持ちにもなるけど（笑）。

小池 そんな行動も、愉快な女としての表現だから（笑）。でもあれ、よくあの後、（田島が）上ってくるな、よくそんな力が残っていたな、と驚きますよね（※キヌ子が家の窓から田島を放り投げる場面がある）。

大泉 あの引きの1カット、すごいよね。監督が、「あそこから上ってください」って言うからさ。

小池 面白かったなぁ。

大泉 相当なむちゃな演出だなぁと、現場で笑っちゃいました。「ここから上るんですか？」って。驚愕の演出ですよ。成島さん、時折訳の分からないことばかり言うんだよなぁ（笑）。でもそれがめちゃめちゃ面白いんだなぁ。

小池 リアリティーなんか追求したらできない、あのシーンは（笑）。

大泉 下品な話だけども――田島がキヌ子に本当に投げられる瞬間に、「おそらく田島この時勃起していますね」と、本番寸前に真面目な顔で言うんです（笑）。「え？　ここ、勃起しているんですか!?」、「はい、勃起していると思います」と（笑）。だから僕の中ではそういう意味では田島は変態になっているけども、その塩梅が、非常に難しかった。確かに興奮していないと、あれだけの暴力を振るわれていながらも、「好きだ」とかかっていけないですから、大変な役作りでございましたけれど。だけどまぁ、監督がすごく楽しそうだったのが嬉しくって。監督自身、病気からの復活ということもありますし。この映画同様、前に進むんだ、生きるんだという力を感じました。今の状態の監督が撮ることの意味というものがありますよね。

――大泉さんは戯曲の『グッドバイ』の方は、観られたことはあったんですか？

大泉 実は私、観られていなくて。とにかく評判が良かったですし。とは言え観ようかどうしようか、迷ったんですけど、やっぱりこの世界観を観ておこうかなと思って、映画側から映像をお借りして観たんですけど、途中からなぜか観られなくなるんですよ、何かのタイミングが悪かったのか。

――映像自体が（笑）。

大泉 ですから、そういうことなのかなと私は思いまして。

小池（笑）。

大泉 だから私、途中までしか観ていないので、後半どうなったのかよく分からなかったんですが、これだけ評判の良い戯曲を次は私がやるということで、やはりプレッシャーはあるなぁという感じだったんですが、映画の台本を読んでみると、あまりにも面白かったんですね。で、覚えているんです、途中まで読んだところで、もうマネジャーに「面白い！」とメールしたんです。こんなに面白いのは久々だった。もうワクワクして、どうやって田島はどんどんグッドバイしていくんだろう？と、先が気になって仕方ありませんでした。その田島を自分が演じられるんですから、これは本当に幸せだなぁと思いましたね。

――小池さんは舞台『グッドバイ』の取材の時、これまでのご経験もあって、「とにかくコメディというものが怖い」とおっしゃっていたんですが、蓋を開けてみると、めちゃくちゃ面白いし、笑いも沢山取られていて。

小池『サザエさん』みたいなね。舞台の方がよりキヌ子というキャラクターが分かりやすく伝わったんじゃないかと思います。あと、映像よりもあり得ない動きとかもしていましたよね。

――ただ今回の映画では、結果としてであれ、どこかで笑いを取れればといった気配はまるで感じなくて、とにかく小池さんがキヌ子として必死に生きている姿が印象に残っていて、大泉さんの田島の方に、比較的笑わせてもらって。以前小池さんがご自身について「真面目で不器用」といったお話をされていたんですが、いってみれば大泉さんの天性の笑いのプロの感じと、小池さんの真面目さが、すごくハマっていたんです。

大泉（笑）計算じゃなくて天性？

――（笑）大泉さんが笑いの部分を担ってくださったことで、小池さんが喜劇の枠を意識しなくても、笑いをどこかで狙わなくても良い環境、どっぷりお芝居に集中できたのが今回の映画の現場だったんじゃないかなと。

小池 それは思います。コメディはよく、狙っていったらお客さんが引いちゃうと言うんです。「のぞき見しているのをお客さんが笑うだけであって、笑わせようとするな」と指導いただいたこともありましたし。だけど今回はやっぱり、受けてくださる大泉さんの技量が大きいから、そこで自然と笑いが生まれて。どちらかというと舞台は私が引っかき回す感じだったけど、映画はそうではなかったですもんね。

――何かある意味、舞台以上に伸び伸びとキヌ子を演じられていたように見えました。

小池 有り難うございます。ちょっと悔しい感じもするけれど（笑）。

――笑いのプロの横にいて、いかがでしたか？

小池（笑）やっぱり大泉さんのメリハリはすごいなぁと思いました。田島の情けない部分から、仕事をしている時のふとした真剣な表情まで、田島という人物の深さを表現するのがお上手だなぁと。私の場合、「こういう人だろう」と、偏ってお芝居をやっていく癖があるんですけど、大泉さんはそこを決めていかないんですよね、流れるように、浮遊するかのように田島が存在していたというか。「どう思ってこのシーンのお芝居をしていたんだろう？」と、気付いたらこちらが魅了されているっていう。

――情けない顔、と言えば、ネタバレになってしまうので詳しくは書けませんが、後半のある場面で田島が窓の外にいて、キヌ子を見つめているシーンがあるじゃないですか？　あれ、決して狙ってはいないと思うんですけど、窓の位置も下の方にあるから、田島が捨てられた子犬みたいに上目遣いでこちらを見ることになる。あの大泉さんを見た瞬間、すごくいいシーンなのに笑ってしまうところがありました。

小池　（笑）そうそう。あれ、大変でしたよね、位置関係。

――情けない顔がどうしてこの人はこんなに似合うんだろう？って。

大泉　でもやっぱりああいうのも成島さんの狙い通りなんじゃないのかな。僕もさ、どうしようもないもんね、あそこに立たされたら（笑）。監督、こんなにコメディ・センスのある方なんだと思いましたよね。

――監督の演出だったとしても、あの大泉さんの表情というのが天然に見えて。

小池　（笑）天然というか、芝居しているんですよね？

大泉　（笑）いやでも田島にしてみれば大切な1シーンなわけです。わざわざ追っかけてきたんだけども、っていう。で、「グッドバイ」と言うわけだからさ。田島、泣いていますからね。切ない……。

――はい、悲しいんです、だけど笑ってしまう。

小池　笑って泣けるっていうやつですよね。

大泉　うん。でもあれが、喜劇なんじゃないの？　喜劇であって悲劇であって。田島本人にとってみれば悲劇なわけだけども、はたから見ると笑ってしまうところが、上質なコメディなのかなぁと思います。

――しかしお2人の関係性の良さがこの作品に良い影響を及ぼしたんだなぁというのがよく分かります。

大泉　舞台での共演がありましたからね。やっぱりこれは大きいのかなと思います。ただ、仲が良くなり過ぎると酷いわけですよね、関係性が。本当に中学生の友達同士みたいになっちゃうから、そうなっちゃいけないと思って、僕は律していたの、彼女との稽古は。恋愛関係を演じるわけですし、あまりにもなれ合いになっちゃいけない、ある程度の緊張感を持ったまま本番までいきたいと思っていました。そうしたらある時、突然僕を「ねえ、大泉？」と呼び捨てにしてきたんです。いきなりですよ!?「ん？ どうした？」と。僕、随分先輩だけど、みたいな（笑）。こうなってはいけないと思って僕は接してきたのに、「あらっ、踏み込んできたな、この子は」と。で、結局インする時は中学生同士の、先輩後輩でもない、同級生みたいな感じになっていました。

小池 （笑）そこの関係を崩してでも、私としては一方的にですが、演じる上で、仲良くしたいなと思って。

――で、呼び捨てに（笑）。

小池 （笑）呼び捨てにしても怒らない。それくらい心が広い人なんだろうなと思っていましたし。

大泉 いや、結構……。

小池 まずそこでその人の懐の深さを測るみたいの、あるじゃないですか。ジャブを打つみたいな。「あっ、怒らないで、ちゃんと突っ込んで笑ってくれる人なんだ」とか。でも、私も馬鹿じゃないので、TPOはわきまえていますよ。一応リスペクトしていますし、先輩だと思っています。だから人前ではなるべく敬語で接していますしね（笑）。ま、私は大ファンなので、大泉さんの。女優さんは多いですよ。「大泉さんとお仕事したい」とみんな言いますから。大泉さんへのファン心理と、田島をどんどん好きになっていく気持ちが、時としてリンクする部分がありました。目の前で大泉さんの芝居を観ているだけで嬉しい。そこが上手く作用してくれた気がします。

『グッドバイ～嘘からはじまる人生喜劇～』
監督／成島 出　原作／ケラリーノ・サンドロヴィッチ（太宰 治『グッド・バイ』より）
出演／大泉 洋、小池栄子、水川あさみ、橋本 愛、緒川たまき、木村多江／濱田 岳／松重 豊、他
2月14日より全国公開

OVER 40 ATHLETES featuring
五十嵐亮太

対話&撮影　山崎二郎

引退宣言しないでいようかな？と、考えたりするんです。自分の可能性、まだまだ捨てたもんじゃないなっていうのは、どこかにありますから

40歳を超えても、現役を続けるという挑戦をおこなうアスリートに迫る本連載。今回は、1999年のプロ入りから、20年。メジャー・リーグも経験し、日本復帰後も活躍。が、2018年、椎間板ヘルニアを患い、ホークスを戦力外になるも、古巣スワローズに復帰。40歳を超えてもストレートは150キロを越えるというメジャー・リーグにもいないであろうピッチング・スタイルでチームに貢献。史上7人目という800試合登板という偉業を達成した。41歳となる2020年に向け、早くも準備に勤しむ姿が〈明治神宮野球場〉にあった。

僕、日本一、40歳で速い球を投げる男かもしれないですね（笑）

山崎　シーズンが終わって、今、コンディショニングはどうされているんですか？

五十嵐　２週間ぐらい休んだ後、ちょっとずつ動き出してって感じです。キャンプ前の12、１月にピークを持っていきたいので。年齢を重ねると、練習をメインでやる前にワン・クッションの練習を入れておかないと、あまり上手くいかないので、準備の準備をしておかないといけなくて、今はその段階です。ゴルフやりながらも、カートに乗らないように歩いていたりとか、それだけでも違ってきます。あんまり「練習、練習」とやると、脳が疲れちゃうから、遊び感覚で動かすという。

山崎　今日はどんなメニューをされるんですか？

五十嵐　バイクを漕いで、ちょっと走って、軽く身体に刺激を入れます。ウェイト・トレーニングも。

山崎　今、身体の不具合はございませんか？

五十嵐　ないですね。去年はヘルニアで、スタートが３ヵ月遅れたんですけど、今年はケガがなかったので。

山崎　じゃあ、完全に治られたんですか？　ヘルニアは。

五十嵐　はい。ヘルニアでも種類があって、ちょっと出ているのは治りにくいらしいんですけど、僕はすごく出ちゃったんですよ。そうなると自然治癒力で治るって言われていて。３ヵ月間何もしなく安静にしていたら、身体が吸収したんですよ。で、動き始めて。

山崎　てっきり今年、色々我慢しながら、１シーズン送られたのかと思ってたんですが。

五十嵐　そんなことないです。ちょっと油断すると、たぶん再発する可能性はあるんですけど、今年に関しては大丈夫でしたね。

山崎 肩とか肘に関しては、特に？

五十嵐 全然大丈夫なんです。それが一番ですね。やっぱり、肩、肘が大丈夫ってことが大きいと思います。

山崎 自分のピッチング・スタイルで、去年と変わったところはありましたか？

五十嵐 大きく差はないかとは思っているんだけど、去年のシーズンは、ケガをなるべく早く治して復帰して、「後半戦からでもフルでやり続けるぞ」っていう焦りがあったので、復帰の調整の段階を飛ばしながらシーズンを乗り切った感じですし、パフォーマンス的に今年と比べると落ちるかとは思いますよね。今年はある程度、準備もできた中でやれたので、その中で、新しいものを見つけながら、削るところは削るということをやっていました。新たに発見したものは、来年に繋げたいなとは思っています。それを忘れないように反復練習して、身体に覚え込ませようと。

山崎 40歳を超えてパワー・ピッチャーのスタイルでやれているって、なかなかないんじゃないかと。

五十嵐 もうパワー・ピッチャーじゃないですよ。真っすぐだけじゃ通用しないのを感じながらやっています。

山崎 他の40歳を越えるピッチャーとは根底から違うんじゃないですか？

五十嵐 そう考えたら、僕、日本一、40歳で速い球を投げる男かもしれないですね（笑）。

山崎 メジャーでもいないじゃないですか？

五十嵐 （バートロ・）コローンとか、去年、40何歳ですけど、150キロは出てなかったかもしれないですね。技術さえあればそこまで行けることが証明されているので、パワー・ピッチングにこだわらず、ほかの能力を上げられたら、新たな世界が見えて来るかなと思うと楽しみですよね。

山崎 若手の方から、「どうやって、今でも150キロを出せるんですか？」って、聞かれると思いますが。

五十嵐 周りを見ながら、話を聞いたり、情報を得たりして、自分に合うものを見つけて来たんですけれど、好き放題やってきたかなと思いますよね。あんまり言うことも聞かなかったような気がするし（笑）。その繰り返しで22年間やってきましたね。

山崎 お話を聞く限りでは、個人主義な思考やアメリカの水が合ったんじゃないかと。

五十嵐 経験は大きかったと思います。自分が当たり前だと思っていたことがそうじゃなかったり、可能性の広がりを感じられましたから。一方では苦しかったですね。西から東に戻ったら、朝の7時で。家へ帰ってちょっとだけ寝て、ゲームっていう生活を送っていたんです。まともに精神を保てるかな？みたいなのがあったんですけど、だんだん慣れて、麻痺しながら対応していけるもんだと思いました。

山崎 マイナーではバス移動もされたわけですよね。

五十嵐 12時間くらい（笑）。飛行機も、朝一で移動してちょっと仮眠取ってからゲームの繰り返しで。

山崎 3年で4球団を経験されました。

五十嵐 2年、ニューヨーク・メッツでやって、3年目はキャンプの時点ではピッツバーグ・パイレーツで。メンバーから外れてトロント・ブルージェイズが取ってくれて。最後はニューヨーク・ヤンキースでした。

山崎 短い期間で4球団を経験するって、なかなかできないことで、貴重な財産ですね。

五十嵐 できないですね。ものすごいガツガツしていましたよ。ブルージェイズのマイナーではずっと成績は良かったので、エージェントには「いつ俺を上げるんだ?」とか言ってたりして。3年目は日本に戻る可能性もあったんですよ。でも、自分で考えたり、家族に相談したり、近しい先輩に話を聞いてもらって、アメリカに残ることを決めたので、メジャー契約をもらっていない1年で、お金以上の、もっと大きなものを得られないと損するなと思っちゃったんですよ。

山崎 マイナーで結果を出しながらも上がれない中、メンタルの維持ってハードだったと思うんですけど？

五十嵐 諦めるとか、心が折れるってことは全然なかったですね。その中でいい成績を残せば、他のチームが見てくれるだろうし。まだ先が見えていた気がします。

山崎 日本に戻る時には、もうアメリカは、自分の中では納得したっていう感覚はございましたか？

五十嵐 ある程度、納得して戻ってきた感じがあるのと、戻るからには、最後の1年、なぜ僕が残ったのか？っていうことを日本で証明しなければならないと思ったんです。でなきゃ、この1年はムダってことになるから、日本に戻ってきた時の方が、よりガツガツしていたというか。「勝つために何でもやるぞ」という気持ち。とりあえず優勝したかったですし、結果を残すためにすごくやったんじゃないのかなと思います。

山崎 腰は元々は良くなかったんですか？

五十嵐 そんなに悪くなかったんだけど、ここ4年ぐらい「ちょっと張りが強いな。動きが悪いな」っていう中でやっていて。それが積もり積もって爆発したような感じはありますね。本当に歩けなかったですからね。

山崎 「復帰できるのかな？」とは思いませんでしたか？

五十嵐 レントゲンを見た限りでは、「本当に大丈夫かな？」と思いましたけど、「これで終わったらちょっとカッコ悪いでしょう、終わんないよね」っていう楽観的な感じでしたね。根拠のない自信（笑）。

山崎 ポジティヴに捉えられる方なんですね。

五十嵐 低いところまで行っちゃえば、上がるだけだなって常に思いますので。下から上がる楽しみは、それはそれで楽しくて。振り幅が大きいっていうことね。

山崎 今も伸びしろを感じてますか？

五十嵐 今までは、単純に速い球を投げたいとか、すごい変化球が投げたいとか、コントロールが良くなりたいとかあったんだけど、複雑な部分で、これまで気付かったところを伸ばしていくことが伸びしろになるので、そこを探して実践する体力と精神力がどれぐらいあるかな？っていうところですよね。

山崎 五十嵐投手のスタイルで、何歳まで現役をやり続けるのか？って、すごい期待があります。

五十嵐 自分のスタイルにこだわっているわけではなく、押さえられたらいいと思っています。ナックル・ボールでも投げたらいいなと思ってるけど、難しいですよね。誰も投げたことのない球が投げられたら、押さえる確率も上がるだろうし。

山崎 高津（臣吾）監督が就任されましたが、現役時代も一緒にやられていましたよね。

五十嵐 高津監督とは一緒にいる時間がとても長く、僕の大好きな、憧れの先輩ですので、監督を胴上げしたいっていう気持ちは強いけど、現実はそう甘くないので、なるべく近づけるようにやれたらいいなと思います。

山崎 高津監督の最後のキャリアって、台湾や独立リーグで終わりましたが、ご自分だったらありですか？

五十嵐 僕だけの判断ではできませんからね。妻や子供と話して決まっていくんだろうけど、野球って、続けようと思えば幾らでも続けられる環境がありますよね。４年前、ウインター・リーグ参加でメキシコに行きましたけど、意外と楽しいんですよ。現地で食べるタコスは美味しいし(笑)。野球をしながらいろんなことを感じながら、見ながらってことが財産になると思っているので、そういった刺激を求めながらっていう意味でも、日本の野球が終わった後も、続けられればいいなっていう想いはあります。だから、引退宣言しないでいようかな？と、考えたりするんです。自分の可能性、まだまだ捨てたもんじゃないなっていうのは、どこかにありますから。

“コンピレーションCDシリーズ『middle & mellow』計8タイトルがリリース中です”

選曲＆監修・山崎二郎（ステッピンアウト！）jiroyamazaki

〈Amazon Music〉、〈Apple Music〉、〈AWA〉、〈Spotify〉のサブスクリプションでプレイリスト公開中

what is middle & mellow?

R&B、ヒップホップ、J-POP、昔の音源など、ジャンルを横断して、middleまたは、mellowをキーワードに紹介。70年代、シティ・ポップスを聴いていた世代、80年代、AORに馴染んでいた世代、90年代、「渋谷系」にハマっていた世代、そして、今のサブスクリプション世代と、同じビート感を通して、異なったジェネレーションが、良い音を共有できれば、サイコーです。

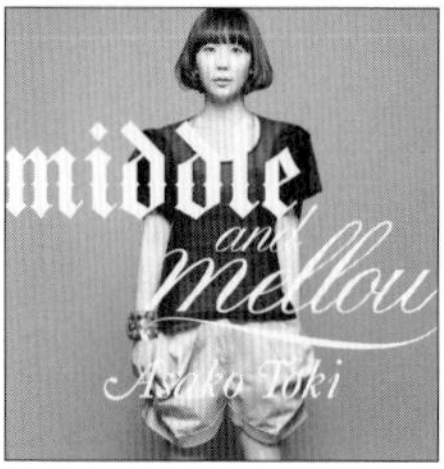

『middle & mellow of Crazy Ken Band』

〈Almond Eyes〉 XNAE-10018 2,520円(税込)

『ZERO』収録の「ハマ風」の新ヴァージョン「ハマ風～for middle & mellow～」、DJ KENTA MIXの「タオル×音楽力(DJ KENTA Summer Breeze Mix From CONTRAX)」も収録。加えて、「ヨコスカンショック」のライヴ・ヴァージョン、「7時77分」の新ナレーション・ヴァージョンと、初音源も！

『middle & mellow of Happiness Records』

〈Long Happiness / Happiness Records〉 HRAD-00036 2,520円(税込)

Saigenji、流線形が所属する、サウダージ感溢れるサウンドをリリースするレーベル〈ハピネスレコード〉の楽曲からチョイス。他、OUT OF SIGHT PRODUCTS、amor fati、Carnival Balloon、JUA、dahliaの楽曲を収録。

『middle & mellow of toko furuuchi』

〈ポニーキャニオン〉 PCCA-02858 2,625円(税込)

デビュー25周年を迎えた古内東子。2003～2005年、〈ポニーキャニオン〉からリリースされた楽曲から選曲。CMで使用された「Beautiful Days」が収録されています。

『middle & mellow of Universal Music』

〈Universal Classics & Jazz〉 UCCU-1215 2,520円(税込)

インディア・アリー、クイーン・ラティファ、ジャザノヴァ、セルジオ・メンデス、ボーイズIIメンetc…と、豪華なアーティストの楽曲を誇る〈Universal Classics & Jazz〉の音源を中心として選曲したオムニバス・アルバム。

『middle & mellow of Asako Toki』

〈LD&K〉 202-LDKCD 2,415円(税込)

アルバム『SAFARI』が好評の土岐麻子。〈LD&K〉、〈エイベックス〉とレーベルをまたいでの選曲です。

『middle & mellow of P-Vine Records』

〈P-VINE〉 PCD-93241 2,415円(税込)

数多くの豊富な音源の中から洋楽R&Bを中心とした選曲です。

『middle & mellow : groovy wired of Knife Edge』

〈Knife Edge / ポニーキャニオン〉 PCCA-02996 1,980円(税込)

全13曲中8曲が新録音！ L & J、GAGLE、KOHEI JAPAN、COMA-CHI、Jazztronik、TWIGY、BUZZER BEATS、Home Grown、Bonnie Pink、MIka Arisaka、Momoe Shimano、YOUNGSHIM、Romancrewの楽曲で構成です。

『middle & mellow of paris match』

〈ビクターエンタテインメント〉 VICL-64550 2,592円(税込)

2015年、デビュー15周年を迎えたアニヴァーサリーでリリース。初のオール・イヤー、オール・レーベルからの選曲です。

BACK NUMBER

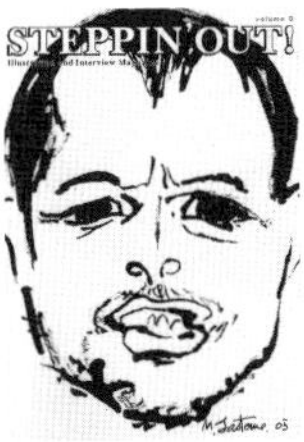

STEPPIN' OUT!
VOL.0 600円(税抜)
COVER STORY /
矢沢永吉
浦田賢一、大沢伸一、沖野修也、坂田真彦、佐藤信幸、高田文夫、田中知之（FPM）、ねじめ正一、平野雄大、藤井フミヤ、藤原ヒロシ、松尾“KC”潔、みうらじゅん、ムッシュかまやつ、横山 剣（クレイジーケンバンド）、リリー・フランキー、渡辺俊美(ZOOT16 / TOKYO No.1 SOUL SET)、佐野元春、BIKKE（TOKYO No.1 SOUL SET)、谷中 敦（東京スカパラダイスオーケストラ）、浅井健一

STEPPIN' OUT!
WINTER 2008
VOL.1 1,000円(税抜)
COVER STORY /
横山 剣（クレイジーケンバンド）
宇崎竜童、大沢伸一、奥田民生、辻 仁成、童子-T、長谷川京子、ポール・ウェラー、リリー・フランキー

STEPPIN' OUT!
SPRING 2009
VOL.2 952円(税抜)
COVER STORY /
松任谷由実
吉井和哉、紀里谷和明、工藤公康（横浜ベイスターズ）、辻 仁成、冨田恵一、ムッシュかまやつ、横山 剣（クレイジーケンバンド）

STEPPIN' OUT!
SUMMER 2009
VOL.3 1,238円(税抜)
COVER STORY /
矢沢永吉
ウィル・アイ・アム（ブラック・アイド・ピーズ）、工藤公康（横浜ベイスターズ）、竹中直人、小宮山 悟（千葉ロッテマリーンズ）、紀里谷和明、石井琢朗（広島東洋カープ）

STEPPIN' OUT!
WINTER 2010
VOL.4 1,429円(税抜)
COVER STORY / 鈴木雅之
大瀧詠一、小林和之（EPICレコードジャパン代表取締役）、田代まさし、丹羽昭男（エス・エス・エスシブヤ楽器代表取締役）、槇原敬之、山口隆二（元〈ルイード〉代表取締役）、湯川れい子、浅野忠信、小久保裕紀（福岡ソフトバンクホークス）、辻 仁成、トム・フォード、バッキー井上、本木雅弘、山崎武司（東北楽天イーグルス）

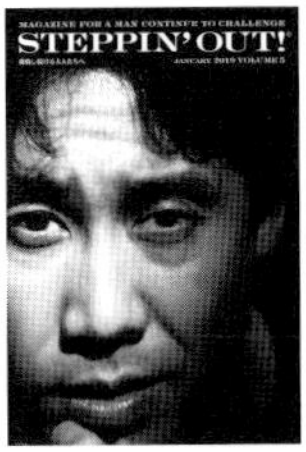

STEPPIN' OUT!
JANUARY 2019
VOL.5 1,200円(税抜)
COVER STORY /
大泉 洋
渡部えり、時任三郎、SHERBETS、小宮山 悟、遠藤憲一、中村紀洋、古田新太、新羅慎二（若旦那）、塚本晋也
STEPPIN' OUT! presents Movilist ムーヴィリストというライフスタイル～福岡・上五島編 BLACK & WHITE MEMORIES OF TURKEY by 永瀬正敏

STEPPIN' OUT!
MARCH 2019
VOL.6 1,200円(税抜)
COVER STORY /
安田 顕
奥田瑛二、三上博史、香川照之、永瀬正敏、藤倉 尚、大森南朋、安藤政信、鈴木尚広
STEPPIN' OUT! presents Movilist ムーヴィリスト、冬の長崎～熊本を移動し、愉しむ

STEPPIN' OUT!
JUNE 2019
VOL.7 980円(税抜)
COVER STORY /
スガ シカオ
滝藤賢一、谷中 敦（東京スカパラダイスオーケストラ）、原 恵一、亀田誠治、SODA！、上川隆也、長谷川京子

STEPPIN' OUT!
AUGUST 2019
VOL.8 980円(税抜)
COVER STORY /
三上博史
高橋源一郎、近田春夫、宮沢和史、ノーマン・リーダス、武田大作、多村仁志
STEPPIN' OUT! presents Movilist ムーヴィリスト、尾道、会津、松山を往く、ムーヴィリスト、金沢を往く

STEPPIN' OUT!
OCTOBER 2019
VOL.9 980円(税抜)
COVER STORY /
オダギリ ジョー
橋爪 功、北大路欣也、柄本 明、舘ひろし、横山 剣（クレイジーケンバンド）、中井貴一、唐沢寿明、吹越 満、沢村一樹、渡部篤郎
STEPPIN' OUT! presents Movilist ムーヴィリスト、北海道を往く featuring 広瀬すず

STEPPIN' OUT!
DECEMBER 2019
VOL.10 980円(税抜)
COVER STORY /
佐野元春
瀬々敬久、松重 豊、松尾スズキ、仲村トオル、坂井真紀、西島秀俊、白石和彌、窪塚洋介
STEPPIN' OUT! presents Movilist ムーヴィリスト、東山、富良野、稚内、沖永良部島を往く

STEPPIN' OUT!
FEBRUARY 2020
VOL.11 980円(税抜)
COVER STORY /
久保田利伸
市村正親、江口洋介、大沢たかお、藤木直人、永野
STEPPIN' OUT! presents Movilist ムーヴィリスト、沖縄・西表島、竹富島を往く、星野佳路（星野リゾート代表）

Movilist ACTION 1
980円(税抜)
COVER STORY /
1984年と2014年。『VISITORS』から『MOVILIST』へ。佐野元春と往くニューヨーク
波瑠、大谷健太郎、安藤美冬、木村文乃、江口研一、大沢伸一、若旦那、他 ESSAY / 江 弘毅、谷中 敦（東京スカパラダイスオーケストラ）

Movilist ACTION 2
980円(税抜)
COVER STORY /
『ナポレオンフィッシュと泳ぐ日』から『BLOOD MOON』へ。1989年と2015年。佐野元春と往くロンドン
江 弘毅、山崎二郎、佐々部 清、市川紗椰、今井美樹、安藤美冬、江口研一、永瀬沙代

Movilist ACTION 3
980円(税抜)
COVER STORY /
A Treasure Found in Iriomote Island, Okinawa 柚希礼音、沖縄・西表島で休暇を過ごす
波瑠、大谷健太郎、笹久保 伸、タクシー・サウダージ、山崎二郎、木村文乃、永瀬正敏、本田直之

『限界を作らない生き方～2009年、46歳のシーズン』
工藤公康・著
1,500円(税抜)
『ステッピンアウト！』が1年間追い続けたインタヴューをまとめた、挑戦し続ける男の「2009年、僕はこう戦った！」の記録。

『TOSHINOBU KUBOTA in INDIA』
2,857円（税抜）
久保田利伸のデビュー25周年を記念した、自身初の写真集。かねてより彼が訪れたいと願っていた聖地・インドで、フォトグラファー・中村和孝が灼熱の日々を活写している。

INFORMATION

STEPPIN' OUT!　ステッピンアウト！

facebook : @steppinoutmagazine　Instagram : magazinesteppinout　twitter : @OutSteppin

BARFOUT!　バァフアウト！

1992 年創刊以来 27 年、新しい世代の表現者を「批評」するのではなく、「応援」するカルチャー・マガジン。毎月 19 日発売(月により変動します)。

facebook : @barfoutmagazine　Instagram : barfout_magazine_tokyo

twitter : @barfout_editors

Movilist　ムーヴィリスト

facebook : @movilistmagazine　Instagram : movilist_magazine_tokyo

twitter : @movilist

Brown's Books & Café　ブラウンズブックス&カフェ

音楽、演劇など街ごとカルチャーな下北沢。平日は『ステッピンアウト！』、『バァフアウト！』編集部が土日はブック・カフェに。山崎二郎の本棚がそのまま展開。全て販売もしています。

営業時間 13:00 ～ 20:00　TEL. 03-6805-2640

facebook : @brownsbooksandcafe　Instagram : brownsbooksandcafe　twitter : @BrownsBooksCafe

JIRO YAMAZAKI　山崎二郎

facebook : @ jiroyamazaki　Instagram : jiroyamazaki　twitter : @jiroyamazaki

PRESENT

1. 寺脇康文　(サイン入り紙焼き写真 1 名様)
2. 永瀬正敏　(サイン入りチェキ 2 名様)
3. 吉田栄作　(サイン入りチェキ 1 名様)
4. 大泉 洋 × 小池栄子　(サイン入りチェキ 1 名様)

このページ右下の「プレゼント応募券」を貼り、①お名前、②ご住所、③お電話番号またはメイル・アドレス、④この号を読んだご感想、⑤上記のご希望のプレゼント番号を、官製はがきにご記入の上、以下の住所までご応募ください。抽選でご希望のプレゼントをお送りします（発表は発送をもって代えさせていただきます)。

ご記入いただいた個人情報は、プレゼントの発送のみに利用し、外部に提供することはございません。アンケートの内容は編集参考資料とさせていただきます。

締切／ 2020 年 4 月 6 日消印有効

応募先／〒 155-0032　東京都世田谷区代沢 5-32-13-5F

ステッピンアウト！ 2020 年 4 月号プレゼント係　宛

NEXT ISSUE

次号のステッピンアウト！ 2020 年 6 月号は 2020 年 4 月 6 日発売予定です。

内容は決まり次第 SNS でアップしていきますので、是非見てみてください！

STEPPIN' OUT!
APRIL 2020
プレゼント応募券

STEPPIN' OUT!®

ステッピンアウト！ APRIL 2020 VOLUME 12

EDITOR 堂前 茜 岡田麻美 松坂 愛 多田メラニー 上野綾子 長瀬 海

DESIGNER 山本哲郎

PRINTING 株式会社 シナノパブリッシング プレス

STEPPIN' OUT! ステッピンアウト！ APRIL 2020 VOLUME 12

2020年2月5日第1刷発行 ISBN 978-4-344-95373-4 C0070 ￥600E

発行：株式会社ブラウンズブックス 〒155-0032 東京都世田谷区代沢 5-32-13-5F

tel.03-6805-2640, fax.03-6805-5681, e-mail mail@brownsbooks.jp

Published by Brown's Books Co., Ltd. 5-32-13-5F Daizawa, Setagaya-ku, TOKYO,JAPAN. Zip 155-0032

発売：株式会社 幻冬舎 〒151-0051 東京都渋谷区千駄ヶ谷 4-9-7 tel.03-5411-6222, fax. 03-5411-6233

新が無理となったので、目標を4年連続100盗塁に切り替えたのですが、最後、盗塁失敗もあり、4ゲーム盗塁できなかったので、プレッシャーがあったのですが、ギリギリ、なんとか達成できてよかったです。

―― コンディション自体はどうだったのですか？

山崎 前号で「速く走れるようになった」と発言しましたが、盗塁失敗した4試合の映像を見ると、逆に遅くなってました（笑）。一生に一度の機会でなんと〈甲子園球場〉でプレイする機会をいただいたのですが、いつもはゲーム前のルーティンの初動負荷トレーニングができなく、明らかに股関節がうまく使えてなかったです。寒くなって、ただでさえ、身体が固くなるところを、甘く見ていた自分がいました。大阪にも初動負荷トレーニングのジムがあるので、時間がなくても30分でもそこでほぐしてからゲームに臨むべきでした。他には、盗塁の途中で掛かった声を「ファール」と言っているのだと思って減速してアウトになったり、二塁盗塁の後、まだ息を切らしている状態で、三塁盗塁を試みたところ、こちらも走りが遅くなっていて。今、列記しましたけど、失敗した原因がすべて自分の意識が低いことにあることが大反省です。それと強く思ったのが、ただでさえ、毎日、デスク・ワークで長時間座っているので、固まり過ぎている肩甲骨、股関節。バイク移動なので、寒さでさらに固まるのだから、毎日の初動負荷トレーニング、長時間の入浴、ストレッチは必須だということ。ゲーム中でも、イチロー選手がやっていたように、常にストレッチしたり、股関節を緩めたりってことをおこなうことが大事だなぁと思いました。

―― 反省が多いですね（笑）。

山崎 なんとか100盗塁は達成できたものの、走りが遅くなった映像はショッキングでして。走れなくなったら引退ですので、危機感を強く感じました。

―― 今年も収穫はありましたか？

山崎 何度も何度も失敗しつつトライしてきたセーフティ・バントの精度が上がってきたことですね。速く一塁へ行きたいあまりに、動きながらバントしようとして失敗を繰り返していたことがなかなか修正できなかったのですが、始動を早めることで精度が上がりました。来年の課題は、セーフティを警戒して前に前に守る三塁手に対して、頭上や横を抜けるプッシュ・バントや、一、二塁間へのセーフティをできるようになること。それと、バントの構えからヒッティングに変えて、ちょこんと当ててサードの頭を越せないかと。もっともっと野球が上手くなりたいです。

WEEKEND BASEBALL PLAYER

JIRO 26

山崎二郎

第7回

文　三浦仁志

選手とは意識の持ちようであり、トレーニング、節制、思考をおこなう「意識」が選手たらしめんと定義付け、「週末野球選手」と自称する山崎二郎。現在、54歳。加齢で真っ先に衰える脚力だが、イチロー選手がおこなう「初動負荷トレーニング」をおこなうことで、逆に速く走ることはできないだろうか？　盗塁数を毎年更新することはできないだろうか？をテーマに挑戦をおこなっている。実際、2016年106、2017年129、2018年は141と記録を更新してきた。その過程を追うのがこの連載。2019年はケガに見舞われたシーズンだった。前半の肉離れに続いて、8月、盗塁の際に足を捻り、内側じん帯損傷、戦線離脱を余儀なくされたのが、前号までの状況だったが無事に復帰。4年連続100盗塁を達成するまでに至った。

―― 今日が12月16日ですが、シーズンは終わったところですか？

山崎　毎年、年末年始以外、ゲームがあれば、出場してますので、あと、2回週末があるのですが……。もし、助っ人募集があればですが、さすがにこの時期、ゲーム自体少ないので（笑）。昨日のゲームで今年最後かもしれません。

―― 昨日の時点で、70試合、236打席、106盗塁、68得点、出塁率.529、盗塁成功率.921というのが今年の成績となりました。

山崎　ケガで3ヶ月休んでいたので、去年より大幅にゲーム数は少なくなり、盗塁数更

Baseball Jersey Love! vol.4

文　山崎二郎

僕が草野球でおこなってる「ひとりフランネル生地時代ユニフォーム復刻」。今では軽量の最先端素材を使ってますが、1970年代に入るまで、ベースボール・ユニフォームの素材はフランネル、ウールでした。デザイン的にはシンプル＆クラシックという、むしろ、今では珍しくなってしまったのが悲しいですが、ベースボールの伝統に則っていて素晴らしいので、実際に着てプレイしてみたいのです。①大阪タイガース（現・阪神タイガース）1940～1943年。第二次世界大戦が始まり敵国アメリカの英語を使うのはけしからんということで、胸文字をTigersから阪神へ変更したのです。試合中のコールも「ストライク」は「よし」と言ったそう。②国鉄スワローズ（現・東京ヤクルトスワローズ）1955～1959年ヴィジター用。胸文字書体がなんともユーモラスで牧歌的で、逆にインパクトあります。袖のツバメ・マークもシャープです。③東京ジャイアンツ（現・読売ジャイアンツ）1936年。1934年、現在のチームの中で最初に設立されたのがジャイアンツ。1935年に続いて2回目のアメリカ遠征を敢行した際に使用されたのがこれ。アメリカゆえ、都市名とチーム名両方分かった方がいいだろうという判断でしょうか？　珍しい2段組の胸文字ですが着てみるとこれがカッコいい。④大洋ホエールズ（現・横浜DeNA ベイスターズ）1950～1951年。2019年球団設立70周年を迎え、この初代ユニフォームを復刻し、ゲームで使用。シンプルネス溢れる姿を観て、改めて、現在跋扈する、胸文字、背番号が刺繍でなくプリント、デジタル感覚の書体に切り返しを多用したユニフォームには出せない風格と誇りを感じたものでした。設立時から長年の親会社の〈大洋漁業〉は、現在は社名変更して〈マルハニチロ〉。袖に「は」を丸く囲んだマークが。捕鯨をメインとしていたのでニックネームをホエールズ（鯨）としたとのことです。

①

②

③

④

ズのクスクス。「メルゲーズもここで仕込んでます。羊の腸なので、すごく破けやすい薄い皮なんですね。それを、豚肉と羊の肉をスパイスで１日マリネして、それをミンチにして詰めるんです。スパイスは、カイエン・ペッパー、パプリカ、コリアンダー、アニス、フェンネル、あとオレガノです」。これらのスパイスが織り成す芳醇な味わいは他では味わえない。ワインはロゼが合うんです。「クスクスはミネラル感があり、野菜をたっぷり使ってるのと、水分が多いので、ちょっとぼやけてる味わいになるっていうところもあるかもしれないんですけど。そんな時に、タンニンが強い赤ワイン、酸味が強い白ワインよりも、真ん中ぐらいのロゼがすごく合いやすいんじゃないかと」。カイエンペッパー、パプリカ、クミン、コリアンダー、ニンニクで作る辛い調味料のアリッサはテイクアウトで使っています！

〈クスクス ルージール〉
東京都世田谷区北沢 3-21-5 ユーワハイツ北沢 1F
tel.03-6407-1988
18:00 〜 23:00（L.O）水曜休

SPICE OF LIFE ～香り立つスパイシーな一品を求めて

第３回 ／自家製メルゲーズのクスクス〈クスクス ルージール〉

撮影＆文　山崎二郎

激辛料理紹介はよくありますが、芳醇なスパイスを味わえる一品を紹介するこのコラム。硬質小麦のデュラム小麦から作る粒状のパスタがクスクス。アルジェリア、モロッコ、チュニジアといったアフリカや北アフリカから中東でポピュラーな料理。アフリカを植民地にしていたフランスの料理から入りましたが、サイド・メニュー的な印象がまだまだあるでしょう。が、下北沢でクスクスをメイン料理に打ち出すのがここ。羊を敬遠する方でも臭みもなく柔らかい一品で一気にクスクス、そして羊肉ファンになることも、僕も周りに何人もおります。店主の金子浩二さんによると、「鶏ガラでスープを取って、羊の肩肉と野菜、ワイン、トマトで一緒に煮ます。羊って、すぐに火が入るんで１時間しか煮ませんが、鶏ガラのスープは３時間ぐらいかかります。１日鶏ガラのスープを取って、次の日に羊、クスクスを仕込んでという感じです」とのこと。今回、紹介したのは、仔羊と豚肉を使ったスパイシーなソーセージである、メルゲー

ジナルというのは、ひき肉と玉ねぎのたっぷり入ったミートソースで〈OCM〉の定番具材。どの具材にも合うのでオススメ。トマトやレタスなどの野菜も一緒に挟んでくれ、その断面はまさに萌え断！　ぎゅうぎゅうに詰まった中身が今にもはみ出そうなくらいで、大口を開けていただく。そしてこれを無しには語れないのが、具を挟んでいる食パン。こちらも小倉の名店〈シロヤ〉の食パンを使用していて、もちふわな食感がたまらなく美味しい。トースターで焼くか、そのままかを選ぶことができるのも嬉しいポイント。サンドイッチだけでなく、サラダやスープ、ドリンク類（クリームソーダも絶品！）もあるのでイート・インはもちろん、近くの〈勝山公園〉で〈小倉城〉を見ながらのピクニックでも最高。騒がしすぎず、ちょうど良いのんびりとした時間を味わえるのがこの街の良いところなのだ。

〈サンドイッチファクトリー　OCM〉
北九州市小倉北区船場町 3-6　近藤別館 2 F
tel.093-522-5973
10:00 ～ 20:30（20:00L.O）
元旦のみ休み

カフェ旅

第3回／北九州市〈サンドイッチファクトリー　OCM〉

文＆撮影　上野綾子

いろんな旅がある中で、そのカフェに行くためだけの旅があってもいい。名付けて「カフェ旅」。第3回は、北九州市にある〈サンドイッチファクトリー　OCM〉。羽田空港からおよそ1時間40分で北九州空港に到着。そこからバスで40分ほど移動した、JR小倉駅が最寄り（近年、フィルム・コミッションにも力を入れていて、様々なところが映画のロケ地として使われている）。魚町銀天街を進み、〈小倉城〉の見える道へ出ると、青い文字に黄色地の看板が。建物の2階へ上がると、アメコミの世界に入り込んだような、ファンシーな空気感のお店がある。〈OCM〉は北九州市民であれば誰でも知っている、創業40年を超えるサンドイッチのお店。ガラスケースに並ぶ、フィッシュ・フライやベーコン、タマゴにポテト、フルーツと10種以上の具材から、気分に合わせて2種類をチョイス。面白いのがその値段設定で、選んだ2種の具材のうち高い方がサンドイッチの値段になる。今回、久しぶりの来店で決めたのは王道の「オリジナル＆チキン」（540yen）。オリ

としたら二度と来ることがないかもしれない土地で、思い切り感じていたいではないか？　時には自分と向き合い、気づきを得る瞬間こそ宝物ではないか？

移動に欠かせなのいのは、音楽。それこそ、流れゆく景色を見やりながら、お気に入りの曲を聴くことは極上かつ最高のリスニング・ルームと言える。一昔前なら、カセット・テープ、次はCD、MDテープをたくさん持っていったものだけど、時代は移りデジタルとなり、「iPod」1台でオーケーとなり、今ではストリーミングでダビングもダウンロードもする必要がなくなり、移動のリスニング環境は格段によくなった。僕もいろいろ試してみて、現在、行き着いたのが「iPhone」にCDより高音質で聴けるハイレゾ音源を楽しめるアプリを入れ、音質をさらに向上させる軽量アンプを繋げて聴くこと。ヘッドホンも今ではワイヤレスやノイズ・キャンセリングなど色とりどりですが、行き着いたのは、耳の型をとって1人1人に合わせて作るオーダーメイドのイヤホン。耳にしっかりと入るので自然とノイズ・キャンセリングになり、小さいながらも3スピーカーで高音質。ハイレゾでない通常のCDも、CDと同じ音質で取り込んで聴いています。

いわば、個室とも言えるリスニング環境ゆえ、繊細な音まで感じられるようになっているので、高音質がより迫ってくるのです。と、つらつら書きましたが、ここに来て新しい革命が起きました。どうしても音質が低いストリーミングですが、「アマゾン・ミュージック」の中の「アマゾンHD」がすごいことになってます。CDと同じ音質に加えて、先のハイレゾ音源も定額制で聴けるのです。というのも、ハイレゾ音源は通常のCDよりだいたい1000円以上高い価格設定ゆえ、どうしても厳選して購入していたのですが、定額なら色々聴けますし、端末にダウンロードもできるので、これも移動に優しい。

ストリーミングのもう1つの特質は、プレイリストが作りやすいこと。我らステッピンアウト！世代は、ドライヴ用にミックス・カセットをしこしこ選曲&ダビングしましたよね？　それが、楽にすぐにできますので、季節、移動するルートに応じたプレイリストが作成でき、まさにぴったりな選曲で移動中、楽しめるのです。

さらに、移動先、独りで酒場で、またはホテルで部屋飲みする際にも、音楽はマスト。浸り具合、お酒の美味しさ具合が違ってきますから。昭和なら有線放送から染みる曲が流れたり、レアですが、流しが1曲披露なんて、偶発的にいい曲に出会えましたが、今は店で流れるBGMは……。ゆえに夜用、酒のアテとなる選曲はとっても大事になります。まぁ、その土地ならではの、素晴らしい選曲のミュージック・バーや生演奏のレストランで聴ける瞬間がもっとも贅沢なのでありますが。

さぁ、今号は真冬の北国への移動が決まりました。どんなプレイリストを作りますか。

ムーヴィリストというライフスタイル
第6回

文　山崎二郎　画　早乙女道春

目的地の観光地を回るだけでなく、飛行機やクルマ、電車、バスなどの移動時間も含めてが旅。むしろ、流れゆく景色を見やりながら、思考を巡らせ、とびっきりのアイデアが浮かぶ移動時間こそ、何より掛け替えのないこと。また、行く前に時間も行程も目的地の情報も全てインプットし、ややもすると、現地では「感じる」でなく「確認」に止まってしまう旅をしがちの昨今。となると、電車の接続の待ち時間や不慮な運行中止などにイラついたりしてしまう。が、日常の中なら、都市の中なら、ほとんど計算通りに運ぶだろうが、アクシデントや予想つかない出来事に遭遇することこそ、日常を離れた場所に身を置く旅の醍醐味ではないか？　すべてが事前調べの確認に終始したら味気ないではないか？　そこで提唱したいのが、「Movilist（ムーヴィリスト）」という新しい旅のスタイル。

先に挙げたように、移動を含めて、いや、むしろ、移動をメインにした旅のスタイル。予期せぬことが起きることをむしろ歓迎する旅のスタイル。「Tourist（ツーリスト）」ならぬ、Move移動する人で「Movilist（ムーヴィリスト）」。せっかくの非日常なのだから、ひょっ

澄んだ空気が心地良い早朝5時半にスタートし、ランニングで向かうのは、折り返し地点となる十和田湖。道中のポイントにはスタッフが待機し、ドリンク補給やタオルなどを用意してくれるから手ぶらでOK。ホテルのフレンチレストランのシェフ特製のモーニングBOXも嬉しい。

名物の「渓流露天風呂」(4月〜11月のみ)は、その名の通り、眼下を見やればダイナミックな渓流を望めます。筋肉や関節の慢性痛、胃腸機能などに効くだけでなく、単純温泉なので敏感肌の人も安心。

星野リゾート 奥入瀬渓流ホテル

奥入瀬渓流のすぐ側という好立地で、四季折々、移ろいゆく渓流の表情を愉しむことができる当ホテル。せっかく宿泊するなら、今年から新登場する5月1日〜31日までの期間限定プログラム「渓流バイアスロン」も、ぜひトライしてみてほしい。片道約14kmの奥入瀬渓流を行きはランニング、帰りはサイクリングで往復するというプランで、運動不足さんには一見ハードかもしれません……が、せせらぎの音、鮮やかな新緑、柔らかな春の日差しを全身で浴びれば、心身共にリフレッシュすること間違いなし！

青森県十和田市大字奥瀬字栃久保 231
tel. 0570-073-022（星野リゾート予約センター）
料金／（20,000yen 〜）（2名1室利用時1名料金）
アクセス／八戸駅・青森駅から車で約 90 分（無料送迎バスあり・要予約）
他、詳細は oirase-keiryuu.jp まで。

7本のしだれ桜は日没後になるとライト・アップ。がらりと雰囲気を変える桜の美しさをぜひ目の前で。つづら籠で作られた花見行李には、津軽伝統のこぎん模様が施されたグラス（貸し出し）や、アップルパイなど、お楽しみがいっぱい。桜の下で、津軽三味線体験も。

大浴場の湯船に使用されているのは、樹齢2千年を超えるという古代檜。目の前には視界を一切遮らない大きな1枚窓が広がるので、大鰐温泉のとろみ湯を堪能しながら、絵画のような美しい景色に心も癒されて。

星野リゾート 界 津軽

温泉旅館派の人には、落ち着いた雰囲気の中で津軽地方の伝統的な文化や芸能の魅力に触れられる、こちらの宿がおすすめ。季節ごとに楽しみがあるけれど、全国14ヵ所にある温泉ブランド〈界〉が桜の開花シーズンに提案する「乙な花見旅」の時期にも訪問してみたい。界 津軽では、5月1日〜7日の間で、「しだれ桜ひとり占め滞在」と銘打ったプランが登場。広い庭を有する離れからは満開に咲き誇るしだれ桜を望み、シードルを嗜みながらゆったりと。穏やかな春の訪れを感じながら、津軽の歴史に思いを馳せてみては。

青森県南津軽郡大鰐町大鰐字上牡丹森 36-1
tel. 0570-073-011（界予約センター）
料金／（20,000yen 〜）（2名1室利用時1名料金）
アクセス／JR奥羽本線大鰐温泉駅より車で約5分（無料送迎バスあり・予約不要）
他、詳細は kai-ryokan.jp/tsugaru まで。

㉖

㉘

㉚

㉑

㉓

トルのブロンズ製作品がフィーチュアされるロビー　森の神話㉖。夜はバーになっているので、カルヴァドスをいただきます。翌朝の朝食はりんごをモチーフにしたインテリアのビュッフェ・レストラン〈青森りんごキッチン〉で㉗。食後は、ネイチャー・ガイドと共に巡る「冬の奥入瀬渓流ツアー」。雲井の滝、すごい㉘。その後、渓流を昇った先に開けたのは大きな大きな十和田湖㉙。名残惜しくも出発の時間に。ここからクルマで移動し、JR 七戸十和田駅へ１時間の川沿いの道を往く移動。どこまでも雪、雪、雪。㉚。駅に着き、新幹線に乗り一路東京へ。移動の最後は、夕焼けも相まって、いつもセンチな気持ちに。初めての青森をダイナミックに移動。次回は夏前に再訪したいと誓いました。

⑱

⑳

流に面しているのでこれはサイコー⑳。陽が暮れたら「氷瀑ライトアップツアー」スタート。自然環境を守るために、照明を積んだ車と共に、滝や湧き水が凍った状態の氷瀑を巡ります㉑。途中から雪が降り、更にドラマチックに㉒。ホテルに戻りドレスアップして向かったのは、昨年7月に西館1階にオープンしたフレンチ・レストラン〈Sonore〉。渓流が目の前、ちょうどクリスマスだったので雪が幻想的でシャンパンが美味しい㉓。「鮪とブーダンノワールのラビオリ仕立て　林檎のアクセント」㉔、「鴨胸肉のロティ南部せんべいとエピスのクルスティアン」㉕を絶妙にチョイスされたペアリング・ワインといただきます。鴨とジンファンデルは超合いました。食後は奥入瀬渓流に住む生き物が織りなすストーリーを描いた、岡本太郎・作の8.5メー

⑬

⑮

道にはいたるところにりんご畑が⑮。山道に入ると段々と電波が悪くなり、ついには圏外に。大きな橋からの眺めは絶景の一語⑯。秋は一面が紅葉の人気スポットとのこと。田茂萢岳山頂駅に10分で着くロープウェー駅には過酷な雪中行軍演習を描いた映画『八甲田山』ポスターが⑰。山頂に着くと、銀世界でワンダフル！　ロープウェー内からは、遠く陸奥湾が見えました⑱。

そこから、またクルマで移動し着きました！　十和田八幡平国立公園を流れる、14キロに渡る奥入瀬渓流沿いにある唯一のリゾート・ホテル〈星野リゾート　奥入瀬渓流ホテル〉に。まずはランチ。チキンをパセリとにんにくにパン粉を混ぜたペルシャードをまぶして苔をイメージした「苔ランチプレート」を⑲。部屋に入り、バルコニーのすぐ下には渓流が。檜のお風呂も渓

⑩

⑫

をフィーチュアした「大間のまぐろづくし会席」⑩。青森産の日本酒が進みます。食後は、打楽器的奏法の津軽三味線の生演奏を堪能⑪。翌朝は、津軽の四季を連想する「津軽たいそう」でスタート⑫。身体を動かしてからの朝風呂、そして朝ごはんの流れが格別⑬。食後は、こぎん刺しを実際に体験できます。小学校の家庭科の授業以来40年ぶりに針を持つ。最初は難しかったものの、慣れると針に集中、マインドフルネス効果があることを実感。で、なんと完成しました⑭。

名残惜しくもチェック・アウト。ここからがムーヴィリストの真骨頂。クルマで十和田湖近くの奥入瀬渓流まで移動です。しかも、ルートは、高倉 健・主演の映画『八甲田山』で有名な、冬の八甲田山を横断するというのですから。

⑤

⑦

大浴場へ向かう回廊には青森と言えばのねぶたがディスプレイ⑤。客室棟の廊下には、津軽地方の伝統工芸、津軽こぎん刺しをフィーチュアし、光が射す「木漏れ日 kogin」が美しい⑥。ご当地部屋「津軽こぎんの間」も、デザインの完成度が高い、こぎん刺しをインテリアに⑦。手掛けたのは、Kogin デザイナーの山端家昌。〈星野リゾート〉のもう１つの楽しみは様々なアクティヴィティが用意されていること。「温泉いろは」は紙芝居形式で江戸時代から、日本の名湯であったここ大鰐温泉の歴史や、保温、保湿効果が高い泉質を分かりやすく解説⑧。ロビー前の池「津軽四季の水庭」⑨。2月1日～29日には「こぎんかまくら」が設営。ホット・カクテルが味わえるとのこと。りんごが浮かぶ温泉に浸かった後は夕ご飯。津軽海峡で獲れたマグロ

②

④

ハイ・シーズンでない、人も多くなくゆったりと過ごせ、自分と向き合うことがおこないやすいオフ・シーズンの場所を、移動を含めて提案する大人の男のひとり旅。今回は初めての青森。東北新幹線で新青森駅に着く。外の空気が凛とし、気温マイナス2度。青森に着いたことを実感する。JR奥羽本線に乗り換え。ゆったり走る外は雪化粧①。大鰐温泉駅に着くと②、今宵宿泊する2019年4月にリニューアル・オープンした〈星野リゾート　界 津軽〉のスタッフがお出迎え。移動し宿に着くと、まず目に飛び込んできたのが、日本画家の大家、加山又造の青森をイメージした大壁画『春秋波濤(しゅんじゅうはとう)』③。〈星野リゾート〉の施設のショップは、置いてあるものの、チョイス、デザインが秀逸なため、まずチェック。ぐい呑みいい④。館内を歩く。